思想政治理论课

实践手册

周新娟　王含光　主编

SIXIANG ZHENGZHI LILUNKE
SHIJIAN SHOUCE

中南大学出版社
www.csupress.com.cn
·长沙·

编 委 会

◇ **主　编**

　　周新娟　王含光

◇ **副主编**

　　蒋　蓉　王玉晴　李　春　黄丽玲

◇ **编　委**

　　傅映兰　黄　鹏　汪　宁　程艺萍

　　谭志斌　孔　慧　周　艳　夏梦筠

　　邓　雄　彭朝阳　王应子

前言

习近平总书记提出："'大思政课'我们要善用之，一定要跟现实结合起来。"思想政治理论课是落实立德树人根本任务的关键课程，是实现高等教育内涵式发展的灵魂课程，是面向全体大学生开设的公共必修课程。实践教学是思想政治理论课的必要组成部分、重要环节和有效延伸，科学合理地规划和运用好实践教学这一有效手段，实现"课堂+社会"相互贯通，"思政小课堂"和"社会大课堂"有机融合，将有助于更好地解决"培养什么人、怎样培养人、为谁培养人"的根本问题。

教育部在《普通高等学校马克思主义学院建设标准（2023年版）》文件中明确规定"加强以习近平新时代中国特色社会主义思想为核心内容的思政课程群建设"，思政课教学"原则上覆盖全体学生"等。为了实现思想政治理论课实践教学的体系化、专业化、普及化，我们以"思想道德与法治""毛泽东思想和中国特色社会主义理论体系概论""习近平新时代中国特色社会主义思想概论"为逻辑主线，围绕课程群构建了实践教学体系，精心编写了《思想政治理论课实践手册》，其内容涵括了思想政治理论课全部课程。本书设计了10个模块内容，每个模块以"平语近人"来引入，从实践目标、实践项目、知识拓展等方面入手，提出了实践任务、实践步骤和实践评价等。本书坚持贴近时代、贴近专业、贴近学生的编写原则，将丰富多样的实践活动分为"身临其境""视听赏析""社会调查""人物访谈""艺术创意""观点致胜"等模式。这些实践操作性强、方便施行，基本可以实现学生全员参与。手册附加了思想政治理论课思想政治理论课实践考核标准和实践案例，适时地给师生提示注意事项，帮助他们避开"雷区"，同时对于实践成果用表格方式作出规范，让学生可以轻松完成一份合格的实践成果，有效指导教师和学生共同完成实践学习。本书融入了"互联网+"的编撰理念，利用网络"数据化、移动化、个性化、精准化"的优势构建了立体化的实践内容，方便大学生利用新媒体工具随时随地参与实践活动。

　　本教材由周新娟、王舍光担任主编，负责统稿、审稿。王玉晴、蒋蓉、李春、黄丽玲担任副主编，负责把握结构和风格的统一。参编人员及具体分工如下：模块一——蒋蓉、周艳，模块二——李春、邓雄，模块三——傅映兰、谭志斌，模块四——黄鹂、孔慧，模块五——汪宁、蒋蓉，模块六——周新娟、王舍光，模块七——程艺萍、夏梦筠，模块八——黄丽玲、王应子，模块九——周新娟、王舍光，模块十——王玉晴、彭朝阳。此外，本书利用二维码展示了与教学内容相关的视频，参考了大量专家、学者编写的相关文献资料，查阅了大量权威网站、书刊和报纸的有关内容，听取和吸收了相关学科专家的宝贵建议，在此一并表示诚挚的感谢。由于编写水平有限，书中难免有疏漏或不妥之处，欢迎各位读者批评指正，以便我们在今后的编写工作中不断完善与提高。

目 录

模块一

担当复兴大任　成就时代新人

一、平语近人

青年强，则国家强。当代中国青年生逢其时，施展才干的舞台无比广阔，实现梦想的前景无比光明。全党要把青年工作作为战略性工作来抓，用党的科学理论武装青年，用党的初心使命感召青年，做青年朋友的知心人、青年工作的热心人、青年群众的引路人。广大青年要坚定不移听党话、跟党走，怀抱梦想又脚踏实地，敢想敢为又善作善成，立志做有理想、敢担当、能吃苦、肯奋斗的新时代好青年，让青春在全面建设社会主义现代化国家的火热实践中绽放绚丽之花。

——习近平在中国共产党第二十次全国代表大会上的报告（2022 年 10 月 16 日）

二、实践目标

（1）深入理解中国特色社会主义新时代特点，进一步理解"中国式现代化"的内涵和要求，展示青年学子善于思考、勤于探索的良好风貌。

（2）在实训活动中进一步培养自己的思辨能力、自我剖析能力，提升团队协作能力、人际沟通交流能力和适应能力。

（3）把青春融进时代发展大潮中，"立大志、明大德、成大才、担大任"。

三、实践项目

(一)身临其境——打卡岳麓书院

1.实践任务——实地参观

2020年9月17日，在湖南考察的习近平总书记来到岳麓书院，对书院大门悬挂的那副著名对联"惟楚有材，於斯为盛"进行了创造性解读，鼓励广大青年学子不负时代重托，不负青春韶华。让我们跟随习近平总书记的足迹走进岳麓书院，去探寻作为中华优秀传统文化代表的书院文化，研读经典楹联背后的故事，在实地参观中坚守马克思主义魂脉和中华优秀传统文化根脉。

2.实践步骤

(1)学生以个人或以2~5人为一组的小组形式进行实践。以小组形式进行的需选出组长并填写表1-1。

(2)各小组成员先通过官方网站(http://ylsy.hnu.edu.cn/)了解岳麓书院的相关历史和基本情况(包括古建筑、匾额、对联、碑刻和展陈)，同时查阅相关文献资料。以小组形式进行的召开小组会议确定本次实地参观的主题和重点内容，并将研讨结果撰写成本次走访的资料调研分析报告。

(3)做好实地参观的整体计划，包括小组分工、出行方式、走访日期等内容，并通过"岳麓书院"微信公众号预约门票。

(4)小组自行按计划实施走访活动，并将走访过程和参观感悟等内容进行完整的记录，同时填写表1-2。

3.实践表格

表1-1 "身临其境——打卡岳麓书院"分组情况一览表

序号	姓名	专业	组内分工	备注
1				组长
2				
3				
4				
5				

表 1-2　"身临其境——打卡岳麓书院"报告单

<table>
<tr><td colspan="2">实践主题</td><td></td></tr>
<tr><td colspan="2">小组成员</td><td></td></tr>
<tr><td colspan="2">参观重点</td><td>(请列举此次小组打卡岳麓书院的重点内容)</td></tr>
<tr><td colspan="2">背景介绍</td><td>(对本次参观走访的重点对象撰写具体的资料调研分析报告,要求字数控制在 1000 字以内)</td></tr>
<tr><td rowspan="3">参观过程</td><td>参观时间</td><td></td></tr>
<tr><td>参观照片</td><td></td></tr>
<tr><td>参观心得</td><td></td></tr>
<tr><td colspan="2">活动总结</td><td>(小组实践活动整体小结,字数在 500 字以上)</td></tr>
</table>

注:

(1)参观照片不少于 5 张,其中需要包括 1 张小组成员集体打卡合照,每张照片都需要备注清楚人物和具体背景地点。

(2)参观心得:小组每位成员结合参观的实际情况,可重点从岳麓书院的某一个方面、某一处古迹或某一项陈列等印象最为深刻的地方,谈谈自己的所想所得。要做到情真意切,确有所获。每位成员的参观心得字数不超过 300 字,格式如下。

成员 1(姓名):

成员 2(姓名):

成员 3(姓名):

成员 4(姓名):

成员 5(姓名):

4.实践评价

实践评价内容、标准及分值见表1-3。

表1-3 "身临其境——打卡岳麓书院"实践评价表

序号	评价内容	评价标准	评价分值/分
1	前期准备	小组分工与责任明确,小组研讨真实有效(如为个人参观,本项评分并入前期准备下一项中)	10
		前期资料调研分析报告条理清晰,内容翔实	20
2	走访报告	报告整体结构严谨,逻辑性强,叙述清晰,字数符合要求	10
		走访过程有真实、细致的图文佐证,图片标注信息准确翔实	20
		小组每一位成员的走访心得都有体现,且确有所获,有感而发,不空洞,文字流畅	20
		活动总结内容完整简练,有的放矢,客观且全面	20
	总计		100

(二)人物访谈——学长学姐说大学

1.实践任务——人物访谈

大学生活怎么样?学长学姐是怎么适应大学生活的?邀请优秀的学姐学长,围绕"如何更好地适应大学生活""如何高效规划自己的大学生活""如何快速找准自己的奋斗方向"等问题,以小组为单位对学长、学姐进行深入访谈,撰写访谈报告或制作访谈视频。

2.实践步骤

(1)自由组成2~5人的采访小组,并选出组长。同时,根据每位组员的特点进行组内分工,分工应包含访谈提纲准备人员、访谈过程中的主次采访人员、访谈过程中的记录人员和拍摄人员、访谈记录整理人员、访谈报告写作人员和访谈视频制作人员等。同步填写表1-4。

(2)查找和收集访谈实践的相关资料,确定访谈对象,填写采访对象基本信息表,制定合理的访谈实施计划,拟定详细的访谈提纲,做好访谈对象的背景资料收集。同时填写表1-5。

(3)面对面访谈。做好联系工作,开始面对面访谈实践活动;异地或交通不便的情况下可以通过视频连线的方式进行采访,并做好过程记录工作。

（4）对访谈过程和初步成果进行线上汇报（或书面汇报），填写表1-6并上传到活动区。教师进行指导，并提出修改意见。

（5）形成访谈成果。根据访谈实践过程、初步成果和教师指导，整理访谈资料，并进行访谈视频的剪辑和后期制作，最后形成访谈文章和视频成果。

3.实践表格

表1-4　"人物访谈——学长学姐说大学"分组情况一览表

序号	姓名	专业	组内分工	备注
1				组长
2				
3				
4				
5				

表1-5　"人物访谈——学长学姐说大学"访谈对象基本信息一览表

姓名		性别		年龄	
民族		政治面貌		职业	
工作单位			联系电话		
人物概述	（主要事迹、获得的荣誉等，200字以内）				

注：访谈对象为多个人时可逐一填写。

表1-6 "人物访谈——学长学姐说大学"报告单

报送人	
访谈时间	
访谈地点	
访谈主题	
访谈对象及背景	
访谈提纲	
访谈专稿	

4. 实践评价

实践评价内容、标准及分值见表1-7。

表1-7 "人物访谈——学长学姐说大学"实践评价表

序号	评价内容	评价标准	评价分值/分
1	访谈前准备（实践方案）	(1)确定访谈意向；(2)选准访谈对象；(3)列好访谈提纲，约定访谈时间；(4)准备访谈用品	30
2	访谈过程	在和谐的访谈氛围中获取有效信息，将需要的素材进行整理，认真做好笔记	20
3	访谈稿件	在熟悉访谈素材的基础上，围绕访谈主题完成一篇高质量的访谈稿件	40
4	小组评价	分工明确、团结协作	10
	总计	—	100

(三)艺术创意——"奋斗青春号"校园 vlog 制作

1. 实践任务——校园 vlog 制作

围绕"青春为什么要奋斗""青春怎样奋斗"等主题,青年学子用镜头记录身边的"奋斗者""追梦人"的感人事迹,用视频博客(vlog)的形式,在全网推出一批扬底气、接地气、聚人气的优秀网络视频作品。通过优秀作品的展播,在网络空间唱响青春之歌,讴歌身边的平凡英雄,讴歌身边的普通建设者,讴歌新时代的奋斗者。

2. 实践步骤

(1)学生以 2~5 人为一组,一个教学班分成若干个小组,选出组长,填写表 1-8。各小组成员提前查阅相关视频、文献资料,为商榷作品主题做准备。

(2)召开小组会议确定本次作品的主题和主要内容,并参考表 1-9 确定作品类型。

(3)根据所选主题和内容,编写出适合拍摄的 vlog 剧本。

(4)编写完剧本后,需要对剧本拍摄的场景进行评估,寻找合适且安全的取景点,并衡量拍摄的可行性和难易度。

(5)统筹拍摄设备和相关人员,组织实施拍摄。作品须用高清设备拍摄,横屏或竖屏均可。

(6)拍摄工作完成后,及时对拍摄素材进行后期剪辑。推荐使用的剪辑软件有剪映、Adobe Premiere Pro 等。最终的作品格式须为 MP4、MOV 格式原始作品,切勿出现水印、夹帧、花屏、黑场、声画不同步、底噪过大、画面过暗或过曝等情况,要求画面清晰、声音清楚、字幕规范。

(7)填写表 1-10。

3. 实践表格

表 1-8 "艺术创意——'奋斗青春号'校园 vlog 制作"分组情况一览表

序号	姓名	专业	组内分工	备注
1				组长
2				
3				
4				
5				

表 1-9　"艺术创意——'奋斗青春号'校园 vlog 制作"作品类型一览表

作品类型	类型描述
剧情类	以真实人物和故事为原型，由作者在原型基础上进行艺术演绎和加工
纪实类	真实发生在身边的"奋斗者""追梦人"的故事
动画类	关于"青春""奋斗"二词的动画短片创作。鼓励动画制作相关专业的学生积极参与
音乐类	关于"青春""奋斗"的学生原创或翻唱的音乐短视频作品

表 1-10　"艺术创意——'奋斗青春号'校园 vlog 制作"报告单

作者姓名		作品名称	
类型		（在相应方框内打√） 剧情类☐　纪实类☐　动画类☐　音乐类☐	
所在学院		作品时长	分　　秒
联系人电话		联系人微信号	
联系人电子邮箱			
主创团队			
作品内容 梗概			
作者签章	此作品为本人的原创作品，同意并授权学校全媒体平台合法使用本作品进行展播。 （签字或签章） 年　月　日		

4. 实践评价

实践评价内容、标准及分值见表 1-11。

表 1-11 "艺术创意——'奋斗青春号'校园 vlog 制作"实践评价表

序号	评价内容	评价标准	评价分值/分
1	视频题材	契合道德主题,描述的故事具备现实意义,视角独特,引人深思,给人启迪,且内容符合公序良俗	25
2	视频质量	画面自然舒适,构图均衡,感光柔和,无剧烈抖动画面,无混乱杂声和声音忽高忽低的现象	25
3	艺术感和音效	画面艺术感强,背景音效选择恰当,有效调节氛围的同时不会对对话或旁白造成不利影响	15
4	演员演出	演员的表演张弛有度,演技自然不浮夸,有真情实感,且无明显穿帮镜头	15
5	视频完整度	有片头、片尾,有主题名称呈现,有字幕且与声音搭配得当	10
6	视频时长	剧情类、纪实类、动画类单个微视频时长不超过 3 分钟,音乐类单个微视频时长不超过 5 分钟。过长或过短须酌情扣分	10
	总计		100

(四)观点致胜——"奋斗青春号"主题演讲

1. 实践任务——主题演讲

围绕"青春为什么要奋斗""青春怎样奋斗"等主题,结合社会热点,以个人形式开展演讲比赛,以青春姿态,抒奋斗之志,引导学生树立正确的世界观、人生观、价值观,立志为实现中华民族伟大复兴而艰苦奋斗、接续奋斗、团结奋斗。

2. 实践步骤

(1)选定演讲主题,搜集相关资料,撰写演讲提纲和演讲文稿。

(2)录制演讲视频。要求视频时长不超过 6 分钟,MP4 格式,视频内不能出现与演讲者及所在班级相关的任何信息。

(3)完成表 1-12 和表 1-13。

3. 实践表格

表 1-12 "观点致胜——'奋斗青春号'主题演讲"报名表

姓名		性别	
学院		专业	
年级		班级	例：××选课 A 班
电话		电子邮箱	
曾获荣誉			
演讲题目			
演讲提纲			
演讲文稿			

表 1-13　"观点致胜——'奋斗青春号'主题演讲"作品汇总表

序号	演讲题目	演讲人	指导教师(不超过 2 名)
1			
2			
3			

联系人：　　　　　　　　　联系人电话：

4.实践评价

实践评价内容、标准及分值见表 1-14。

表 1-14　"观点致胜——'奋斗青春号'主题演讲"实践评价表

序号	评价内容	评价标准	评价分值/分
1	演讲内容	主题明确、深刻,观点正确、鲜明;见解独到	15
		材料真实、典型、新颖,反映客观事实、具有普遍意义	15
		结构完整合理、层次分明,论点、论据具有逻辑性;构思巧妙,引人入胜	10
2	演讲表达	语言规范,口齿清楚,发音标准,语调自然	20
		语速恰当、声音洪亮,节奏符合思想感情的起伏变化,具有感染力	20
		脱稿演讲,口语自然流畅,不卡顿	10
		自然得体,端庄大方,有适宜的肢体语言	10
	总计		100

四、知识拓展

演讲类型特点和技巧

演讲又叫讲演或演说，是指在公众场合，以有声语言为主要手段，以体态语言为辅助手段，针对某个具体问题，鲜明、完整地发表自己的见解和主张，阐明事理或抒发情感，进行宣传鼓动的一种语言交际活动。

1. 演讲类型

演讲类型主要有照读式演讲、背诵式演讲、提纲式演讲、即兴式演讲。

（1）照读式演讲亦称读稿式演讲。演讲者拿着事先写好的演讲稿，走上讲台，逐字逐句地向听众宣读一遍。其内容经过慎重考虑，语言经过反复推敲，结构经过精心安排，话讲得郑重。它比较适合于在重要而严肃的场合运用，如各级党代会、人民代表大会、政协会议等大会报告，纪念重大节日的领导人讲话，外交部的声明等。它的缺点是照本宣科，影响演讲者与听众之间思想感情交流。

（2）背诵式演讲亦称脱稿演讲。演讲者事先写好演讲稿，反复朗读直至能熟练地背诵，然后走上讲台脱稿向听众演讲。这种演讲方式比较适合于演讲比赛和初学演讲者，可以在一定程度上检验和培养演讲者的演讲能力。其缺点是不便于演讲者临场发挥，使听众觉得矫揉造作，而且一旦忘词，就难以继续。运用这种演讲方式，必须做好充分准备，语言尽量口语化，表达自然，切忌留下表演的痕迹。

（3）提纲式演讲亦称提示式演讲。演讲者只把演讲的主要内容和层次结构，按照提纲形式写出来，借助它进行演讲，而不必一字一句写成。其特点是能避免照读式演讲和背诵式演讲与听众思想感情缺乏交流的不足——演讲者根据提纲进行演讲，比较灵活，便于临场发挥，真实感强，又具有照读式演讲和背诵式演讲的长处——事先对演讲的内容有充分准备，可以有一定的时间收集材料，考虑演讲要点和论证方法，但不要求写出全文，而是提纲挈领，把整个演讲的主要观点、论据、结构层次等用简练的句子排列出来，作为演讲时的提示，靠它开启思路。这是初学演讲者进一步提高演讲水平的行之有效的一种演讲方式。

（4）即兴式演讲是演讲者预先没有充分准备而临场生情动意所发表的演讲。它是难度最大、要求最高、效果最佳的演讲方式，可以根据实际情况，针对听众的心理和需要，灵活机动，迅速调动语言的一切积极因素，带给听众生动直观、形象的感染力。这是其他演讲方式无法比拟的。使用这种演讲方式需要演讲者在德、才、学、识、胆诸方面具有很高的修养，具有很强的记忆力、丰富的想象力和联想力、敏捷的思维能力、大量的语言和材料储备……

2.演讲特点

演讲具有针对性、真实性、论辩性、鼓动性、艺术性的特点。

3.演讲技巧

演讲需要不断锻炼，可以通过对演讲技巧的训练来提高演讲水平。

（1）一四二深呼吸法。紧张时可以用深呼吸的方式进行缓解。"一四二"，即吸气用一个单位时间，屏气用四个单位时间，吐气用两个单位时间。一般一个单位时间为 1 秒。用这种方式，一般都能很好地紧张情绪。

（2）转移注意力法。进行口腔运动，可以放松面部肌肉。通过进行搓脸、合口左右噘唇、转唇、双唇打响、弹唇、左右顶腮、转舌、张嘴打嘟、做鬼脸等一系列口腔运动，来转移自己的注意力，从而缓解自己的紧张感。

（3）不写发言稿，写提纲。把完整的一篇演讲稿写下来进行背诵，到要演讲时就会紧张，怕自己会忘稿，越是紧张就越会忘记，越是忘记就越紧张。所以建议写提纲，把自己要讲的几个要点写在一张小纸条上，然后想想每一点自己大概要讲些什么。

（4）手捏一个小东西或推墙，释放压力。很多时候自己很紧张，无法平静下来，是因为没有地方去释放自己的这种紧张压力，所以可以在上台时捏一个小物品，当自己很紧张时，就用力捏它，把自己的压力全都释放掉。推墙也是同样的道理，属于一种压力的释放方式。

（5）练习、练习再练习，准备、准备再准备（车上、路上）。可以充分利用在车上、路上的碎片化时间进行多次演讲练习，练习得多了，上台时自然就不会紧张了。

（6）找支持你的眼光。当我们站在台上发言时，总会有一些支持的眼光和不支持的眼光注视着自己。这时如果我们感觉内心紧张，就去多看看支持我们的人的眼光，看着他们对自己的支持的眼光，可想而知自己讲得不错，于是就越讲越有劲，结果真的比预想中要讲得好得多。

（7）适当提高音量。在向公众演讲过程中，适当地提高自己说话的音量，也能在一定程度上克服自己的紧张感。

（8）建立自信心锚。在我们生活的周围，有许多东西当我们一看见，便会油然兴起某种情绪。像这种能刺激产生特别的感觉的东西，不管它是好是坏，我们称之为心锚。心锚有的深奥，有的浅显，它可能是一句话、几个字、一个动作或一个东西，让我们或看、或听、或想、或嗅、或尝，能在一眨眼间改变我们内心的感觉。这也就是为何一看见国旗，我们便迅速感受到强烈的国家、民族情感，因为它上面的颜色及图案跟这种情感紧密地联系在一起。我们可以为了让自己克服紧张建立心锚，想象自己非常的自信，让自己感觉充满了力量，然后默默地对自己说"我就是最棒的"，然后再不断地重复这个过程，直到自己只要默默地对自己说一声"我就是最棒的"，自己立刻就会充满自信，充满力量。

（9）只要有上台练习的机会，就立刻冲上台。平时工作、生活中，可能也会有一些在公众面前讲话的机会，有时是可讲可不讲的，但我们要记住：只要有上台练习的机会，就立刻冲上台！这次不是为了讲好，而是为了在关键时刻能够讲得很好！台上一分钟，台下十年功，没有付出过十倍的努力，就不要奢望上台有好的表现。

（资料来源：①https：//baike. baidu. com/item/%E6%BC%94%E8%AE%B2/2116219?fr＝ge_ala；②https：//baike. baidu. com/item/%E6%BC%94%E8%AE%B2%E6%8A%80%E5%B7%A7/10529319，有增减）

模块二

树立远大理想　坚定崇高信念

一、平语近人

志存高远方能登高望远，胸怀天下才可大展宏图。火热的青春，需要坚定的理想信念。我们党用"共产主义"为团命名，就是希望党的青年组织永远站在理想信念的高地上，用党的科学理论武装青年，用党的初心使命感召青年，用党的光辉旗帜指引青年，用党的优良作风塑造青年。新时代的中国青年，更加自信自强、富于思辨精神，同时也面临各种社会思潮的现实影响，不可避免会在理想和现实、主义和问题、利己和利他、小我和大我、民族和世界等方面遇到思想困惑，更加需要深入细致的教育和引导，用敏锐的眼光观察社会，用清醒的头脑思考人生，用智慧的力量创造未来。

——习近平在庆祝中国共产主义青年团成立100周年大会上的讲话(2022年5月10日)

二、实践目标

(1)使青年学子以特有的视角感知"理想信念"的力量，进而以榜样为标杆，树立远大理想，坚定崇高信念，在民族复兴道路上续写爱国奋斗新篇章。

(2)传播与践行"湖湘精神"，让"湖湘精神"植根于青年内心，成为引领青年成才的精神力量，完成对青年学子的价值塑造与人格培养，坚定地做好"湖湘精神"新传人。

(3)增强青年学子对中国特色社会主义的信念，对实现中华民族伟大复兴的信心，自觉做中国特色社会主义共同理想的坚定信仰者、忠实实践者，为崇高理想信念而矢志奋斗。

(4)当代大学生通过开展社会实践活动，在沉浸式感悟中树立崇高的理想信念，并化为青春奋斗的动力。不论今后从事什么职业，大学生都要把个人的奋斗志向同国家和民族的前途命运紧紧联系在一起，把个人的学习进步同祖国的繁荣昌盛紧紧联系在一起，使理想信念之花结出丰硕的成长成才之果。

三、实践项目

（一）身临其境——红色教育基地研学

1. 实践任务——实地研学

湖南是中国革命的重要策源地。在历次革命斗争和社会主义建设中，有近40万三湘儿女献出了宝贵的生命，其中被正式追认为烈士并收入《湖南省烈士英名录》的有11万余人。1955年授衔时，十大元帅中湖南籍的占3位，十位大将中湖南籍的占6位，57名开国上将（含补授）中湖南籍的占19位。

中共湖南省委党史研究室撰写的《湖南省革命遗址普查报告》显示，全省共有革命遗址1832处，其中重要历史事件和重要机构旧址475处，重要历史事件及人物活动纪念地400处，革命领导人故居488处，烈士墓270处，纪念设施199处。通过寻迹革命烈士纪念馆、革命根据地等研学实践活动，青年大学生会更加深入地了解建党建国的艰辛与幸福生活的来之不易，从而更加珍惜革命先烈抛头颅、洒热血换来的新中国，更加拥护中国共产党的领导，继承革命先烈崇高精神，弘扬伟大建党精神，热爱社会主义，热爱自己的国家。

2. 实践步骤

（1）围绕实践任务确定小组成员及各成员分工，并填写表2-1。

（2）以小组为单位设计实践方案，并填写表2-2。

（3）整个过程要注重安全，遵守社会公德，保护文物，注重小组成员间的合作交流，展示当代青年学子高尚的道德风貌。

3. 实践表格

表2-1 "身临其境——红色教育基地研学"分组情况一览表

序号	姓名	专业	组内分工	备注
1				组长
2				
3				
4				
5				
6				
7				
8				

表 2-2　"身临其境——红色教育基地研学"报告单

研学时间		研学地点	
学生姓名		所在班级	
研学主题			
研学路线			
研学记录	（简要描述并提供 1~3 张小组研学照片）		
研学感受			

4. 实践评价

实践评价内容、标准及分值见表 2-3。

表 2-3 "身临其境——红色教育基地研学"实践评价表

序号	评价内容	评价标准	评价分值/分
1	研学前准备（实践方案）	做好研学前的准备工作：①确定研学意向；②选准研学地点；③列好研学的提纲；④约定研学时间；⑤准备研学用品	30
2	研学过程	在调研学习中将需要的素材进行整理，认真做好笔记	20
3	研学报告	在熟悉研学内容的基础上，围绕研学主题完成一篇高质量的研学报告	40
4	小组评价	分工明确、团结协作	10
	总计		100

(二)视听赏析——观看革命题材影视作品

1. 实践任务——视听赏析

挑选一部热播的革命题材影视作品，从选题策划、叙事逻辑、人物形象、场景设置、视听建构、精彩对白等角度对其进行沉浸式赏析，透过百年党史感悟共产主义先行者的初心之纯、使命之真、信仰之美，以此激励大学生赓续红色基因、坚守初心使命、凝聚奋进力量，触摸历史的温度，感知青春生命的光芒。

2. 实践步骤

(1)学生根据主题挑选影视作品，然后自行完成观看。

(2)结合自己的知识储备和所学专业，选取热播革命题材影视作品中的选题、场景、人物、对白、拍摄手法等某一个方面进行分析，并填写表 2-4。

3.实践表格

表 2-4　"视听赏析——观看革命题材影视作品"报告单

影视作品名称	
赏析内容 简介	
赏析视角	
观影有感	
赏析展示	（如图片、PPT 等）

4.实践评价

实践评价内容、标准及分值见表 2-5。

表 2-5 "视听赏析——观看革命题材影视作品"实践评价表

序号	评价内容		评价标准	评价分值/分
1	观影准备（实践方案）		方案内容详细、具体，具有可行性	10
2	观影报告	影片选择	结合自己的知识储备和所学专业，选择一部热播革命题材影视进行观看	10
		内容简介	对选择的影视作品内容进行简明扼要的概括	20
		赏析视角	赏析视角的选取贴合专业所学，能以具体的情节、片段进行实例说明	10
		观影有感	结合热播影视作品和学习的理论知识谈自己的所思所想所悟，将对理论知识的理解落实到具体实践中	20
		展示制作	PPT、图片、视频等成果制作美观，体现个人信息化水平	10
		现场展示	仪容仪表整洁，表达流利，思路清晰，能够认真阐述各部分研究内容	20
	总计			100

（三）艺术创意——红色家书品诵

1. 实践任务——诵读红色家书

家是最小国，有着最传统、最厚重的情感。无论是"家书抵万金"，还是"鸿雁传家书"，都镌刻着"孝悌忠信"的情感脉络，记录着一个时代的历史印记和文化传承。寻找红色家书进行诵读，感悟其中蕴含的情感。

以"红色家书——品诵真挚情感背后的故事"为主题开展一次朗诵活动。一封封感人至深的书信蕴含着革命先烈对理想信念的执着追求、勇于献身国防的革命豪情和保卫祖国与人民的炽热情怀。它们穿透时空，带领大学生追忆革命先烈，汲取奋进力量。大学生身处和平年代，更要珍惜这来之不易的幸福生活，铭记革命历史，继承优良传统。当代青年生逢其时，施展才干的舞台无比广阔，实现梦想的前景无比光明，应争做有理想、敢担当、能吃苦、肯奋斗的新时代好青年。

2. 实践步骤

（1）围绕"红色家书——品诵真挚情感背后的故事"主题选定内容。

（2）熟悉家书原文，进行品诵，将朗诵内容录制下来，同时寻找红色家书背后的人物故事进行细细品味，并填写表2-6。

3.实践表格

表 2-6　"艺术创意——红色家书品诵"报告单

品诵题目	
品诵者	
红色家书相关人物	
红色家书背景	
朗诵视频	（可以在网络平台进行播放）
体会感受	

4.实践评价

实践评价内容、标准及分值见表 2-7。

表 2-7 "艺术创意——红色家书品诵"实践评价表

序号	评价内容		评价标准	评价分值/分
1	品诵内容		作品见证历史,具有典型性,表达强烈的爱国主义情感,传承革命精神	20
2	表达	语言表达	语言规范,口齿清楚,发音标准,语调自然,语言自然流畅不卡顿	20
		感染力	语速恰当,声音洪亮,节奏符合思想感情的起伏变化,具有感染力	10
		体态	自然得体,端庄大方,有合适的肢体语言	10
3	视频录制		清晰流畅,上传网络平台展播	20
4	感受与体会		结合社会及自己实际情况谈感想体会	20
	总计			100

(四)观点致胜——"以小我之梦融入民族复兴之大梦"大学生讲思政课

1. 实践任务——大学生讲思政课

2012 年 11 月 29 日,习近平总书记在参观《复兴之路》展览时首次提出中国梦,并指出:"中国梦的本质是国家富强、民族振兴、人民幸福。"中国梦是国家的梦、民族的梦,也是每一个中国人的梦。"得其大者可以兼其小""宏大叙事"的国家梦,也是"具体而微"的个人梦。中国梦的广阔舞台,为个人梦想提供了蓬勃生长的空间。当代大学生应当把人生理想融入国家和民族的伟大梦想之中,敢于有梦,勇于追梦,勤于圆梦。学生围绕所学思政教材的有关章节或专题,以"以小我之梦融入民族复兴之大梦"为主题开展教学活动,以此深化对思政课教学内容的认识和思考,展现新时代大学生的理论素养和精神风貌。

2. 实践步骤

(1)学生以小组形式参加,每个小组人数不超过 6 人,其中主讲人不超过 3 人。填写表 2-8。各小组成员提前查阅相关视频、文献资料,为商榷作品主题和内容做准备。

(2)召开小组会议确定本次作品的主题和主要内容,对照作品要求编写出适合拍摄的脚本,并制作相关 PPT。

(3)确定脚本后,需要对作品拍摄的场景进行评估,寻找合适且安全的取景点,并衡量拍摄的可行性和难易度。作品形式以主讲人讲课实录为主,以 PPT 课件配合为辅。"行走的思政课""场馆里的思政课"作品原则上不使用 PPT。

(4)统筹拍摄设备和相关人员,组织实施拍摄。作品需用高清设备拍摄,横屏或竖屏均可。

(5)拍摄工作完成后,及时对拍摄素材进行后期剪辑。推荐使用的剪辑软件有剪映、

Adobe Premiere Pro 等。最终的作品应确保音视频清晰稳定、音画同步、字幕规范；MP4 格式，像素不低于 720px×576px。作品总时长不超过 12 分钟，并剪辑为数个小视频上传。单个小视频时长控制在 180 秒以内，内容要素完整，可独立成篇。视频片头应清晰呈现作品主题。所有视频作品中不能出现明示或暗示报送学校、小组成员、指导教师等基本信息的内容。

（6）填写表 2-9。

3.实践表格

表 2-8　"观点致胜——'以小我之梦融入民族复兴之大梦'大学生讲思政课"分组情况一览表

序号	姓名	专业	组内分工	备注
1				组长
2				
3				
4				
5				
6				

表 2-9　"观点致胜——'以小我之梦融入民族复兴之大梦'大学生讲思政课"报名表

作品名称			
教学章节			
团队成员			
所在班级		联系方式	（组长联系方式）
指导教师			
作品介绍	（300 字以上）		

4. 实践评价

实践评价内容、标准及分值见表2-10。

表2-10 "观点致胜——'以小我之梦融入民族复兴之大梦'大学生讲思政课"实践评价表

序号	评价内容	评价标准	评价分值/分
1	作品内容	主题明确、深刻，观点正确、鲜明；见解独到	30
		材料真实、典型、新颖，反映客观事实，具有普遍意义	
		结构完整合理、层次分明，论点、论据具有逻辑性；构思巧妙，引人入胜	
2	出镜表达	语言规范，口齿清楚，发音标准，语调自然	30
		语速恰当、声音洪亮，节奏符合思想感情的起伏变化，具有感染力	
		脱稿讲授，自然流畅不卡顿	
3	视频质量	视频画面自然舒适，构图均衡，感光柔和，无剧烈抖动画面，无混乱杂声和声音忽高忽低的现象，音视频清晰稳定，音画同步，字幕规范	30
4	视频时长	总时长不超过12分钟，单个小视频时长控制在180秒以内，每个小视频内容要素完整、可独立成篇。过长或过短需酌情扣分	10
	总计		100

四、知识拓展

影视作品的鉴赏和分析

进行影视作品鉴赏和分析，需要对影视作品的各元素构成（如画面、音乐、人物、剧情等）有较清楚和深刻的认识和理解，具备相关理论知识，用评论、对比等方式阐述自己对影视作品的理解。

1. 释义

欣赏影视作品要自问的问题：

(1)影视作品名称与故事内容有什么关系？（破题）

(2)影视作品主题是什么？谁是主角？内容为何？（文本分析）

(3)影视作品描述的年代为何？拍制的时间又为何？（历史考证）

(4)这部影视作品与自己看过的类似的影视作品有什么相同或差异之处？（类型研究）

(5)这部影视作品与这个导演其他作品有什么差异？（作者论）

(6)这部影视作品的形式与风格有何特殊之处(例如：音乐的作用)？（形式研究）

(7)为什么要用这种方式开场？如何说故事？又如何结束？（结构研究）

(8)这部影视作品有什么社会政治意涵？（意识形态批评）

2. 影视作品讨论

(1)主题：这部影视作品是关于什么故事的？

(2)叙述结构：这个故事如何说出来？

(3)角色：有哪些人在故事里？

(4)观点：谁来讲这个故事？

(5)场面调度：这个故事如何被扮演？

(6)构图与镜头：摄像机如何呈现这个故事？

(7)画面剪接(蒙太奇)：故事发展的逻辑关系为何？

(8)声音：声音与影像的关系如何？有否特殊表现？

(9)意识形态：影视作品是否呈现社会上关于种族、阶级、性别等的一些想法？

3. 方法

(1)电影的五种轨迹：影像、音乐、声音、对白、文字。

(2)电影中的情节(plot)与故事(story)。

情节：剧情中所有演出的事件，直接呈现在观众眼前；与故事世界无关的事物。

故事：所有看到、听到的事件，以及其他想象或推论出来的事件。

或者：

故事：一个依时序发展的事件中的素材。

情节：牵涉作者以什么样的方式，赋予故事一个结构。简言之，情节指涉了作者的观点以及场景的美学组构。

(3)观点问题：谁(观众/人物)在什么时候、什么地方，有什么情况？

(4)叙述结构：故事的流程。叙述结构的形成是为了满足、修正、破坏或终结观众对情节与故事的寻求。

但无论是讲述横跨百年的历史故事，还是讲述一个瞬间发生的微观情感故事，所能给导演的，就只有90分钟而已，而导演要在这仅有的90分钟里把故事讲完整。因此，整个影视作品的每一个场景都是导演精心设计的，每一件道具都是有意义的，我们需要去琢磨。比如西方哲学是以逻辑为其基本核心的，因此，西方更讲究其合理性，只要是优秀的影视作品，无论导演讲了一个多么虚妄的故事，都总是能经得起推敲。而且，当观众看完整个影视作品，然后再把整个影视作品串起来统一想一遍的话，就会得出一套完整的理论。这便是导演诠释故事的逻辑。这时观众会惊讶于导演讲故事的能力，原本感到奇怪的台词这时会像谜底一样，既合理又出乎意料。这便是欣赏好的影视作品的乐趣了。在这种情况下，观众要仔细地听每一句话，看每一件东西，对看到的、听到的要仔细想想，这样才能真正地品出影视作品的味道来；如果看完影视作品只是知道了影视作品的情节，那就是白看了，就是在浪费时间，而且观看时还有一个前提，就是先不要去怀疑导演，先去努力地理解影视作品，而不是让影视作品按照我们固有的逻辑去理解，然后去评判。好的影视作品不能只看一遍，因为这样会浪费了一次很好的学习的机会，也浪费了一部好影视作品。而好的影视作品也确实少得可怜。纵观整个电影史，基本上是5年出现一部经典的作品，那么百年的电影史，屈指算来也只能找出几十部好作品。因此，对于好作品，一定要仔细地去品。就像前面说的那样，每一部好的作品都有一些弦外之音，我们一定要体会出弦外之音。

（资料来源为：https://baike.so.com/doc/5571590-5786762.html。）

模块三

坚守职业初心　传承匠心精神

一、平语近人

劳动是一切幸福的源泉。新形势下，我国工人阶级和广大劳动群众要继续学先进赶先进，自觉践行社会主义核心价值观，用劳动模范和先进工作者的崇高精神和高尚品格鞭策自己，焕发劳动热情，厚植工匠文化，恪守职业道德，将辛勤劳动、诚实劳动、创造性劳动作为自觉行为。

——习近平在全国劳动模范和先进工作者表彰大会上的讲话（2020 年 11 月 24 日）

二、实践目标

（1）通过"大学生职业观"问卷调查，激发大学生职业生涯发展的自主意识，树立正确的就业观；促进大学生重视大学阶段的学习生活，在学习与实践中自觉地提高职业生涯管理能力，从而全面提升个人的综合素质和就业竞争力。

（2）在真实岗位的体验中，引导学生树立正确的职业观、劳动观和人生观，培养大学生良好的劳动习惯和职业精神，为大学生未来的职业发展和人格塑造奠定基础。

（3）在艺术工匠和职业道德标兵的引领示范中，青年学子能树立崇高的职业理想，把个人发展和国家需要、社会发展相结合，明确奋斗目标，实现精彩人生。

三、实践项目

(一)身临其境——真实岗位体验

1. 实践任务——岗位体验

以"我是快乐的职业人"为主题开展职业岗位角色责任与角色体验实践活动。在职业实践中增强职业规范意识和职业实践能力,明白岗位的具体职责和要求,激励自己通过努力学习和主动实践具备良好的专业技能和职业素养。

2. 实践步骤

(1)在目标单位开展不少于1天的岗位体验,参与岗位业务实践活动,培养动手实践能力与创新能力。

(2)将实践过程和实践体会等内容进行完整记录,并填写表3-1。

3. 实践表格

表 3-1 "身临其境——真实岗位体验"报告单

体验者姓名		体验者专业	
体验岗位		体验时间	
体验地点			
体验方式			
体验图片			
体验报告			

4. 实践评价

实践评价内容、标准及分值见表3-2。

表3-2　"身临其境——真实岗位体验"实践评价表

序号	评价指标		评价标准	评价分值/分
1	个人素质	责任意识	明确体验岗位职责与目标，认真负责	10
		纪律性	遵守所在单位的各项规章制度	10
		团队协作	积极融入所在团队，虚心请教，乐于交流沟通	10
		学习能力	善于学习总结，并且能学以致用、举一反三	10
2	岗位体验	适岗程度	能迅速掌握工作所需要的知识或技能，快速适应当前工作及其环境	20
		工作品质	在规定时间内保质完成交付的工作任务	20
3	体验总结		内容翔实，有深度，有感悟	20
	总计			100

(二)社会调查——"大学生职业观"问卷调查

1. 实践任务——问卷调查

我国《公民道德建设实施纲要》提出了职业道德的主要内容是爱岗敬业、诚实守信、办事公道、服务群众、奉献社会。以"我眼中的职业道德"为主题，对高校青年学子进行一次关于职业道德认知、如何提高职业道德修养等方面的问卷调查。

2. 实践步骤

(1)围绕实践任务确定小组成员及各成员分工，并填写表3-3。

(2)选取不同年级、层次的高校学生进行问卷的发放和回收，对调查数据进行客观、全面的分析，针对存在的问题形成合理、建设性建议，并填写表3-4。

3. 实践表格

表 3-3 "社会调查——'大学生职业观'问卷调查"分组情况一览表

序号	姓名	专业	组内分工	备注
1				组长
2				
3				
4				
5				
6				
7				
8				

表 3-4 "社会调查——'大学生职业观'问卷调查"报告单

问卷主题	
问卷标题	
小组成员	
问卷分析	
对策建议	

4. 实践评价

实践评价内容、标准及分值见表3-5。

表3-5　"社会调查——'大学生职业观'问卷调查"实践评价表

序号	评价内容		评价标准	评价分值/分
1	调查准备（实践方案）		内容详细、具体，各项工作具体到个人	10
2	问卷调查	问卷设计	（1）调查问卷设计合理，贴近专业寻找切入点；（2）调查问卷题量适中	20
		问卷分析	（1）发放和回收的调查问卷数量合理；（2）调查数据客观真实；（3）数据分析深入全面	40
		对策建议	针对出现的问题提出的对策建议具体可行，能产生实效	20
3	小组协作		各成员各司其职，问卷调查有序开展	10
	总计			100

（三）人物访谈——走近艺术工匠

1. 实践任务——人物访谈

中国自古以来就是一个工艺制造大国，无数行业工匠创造了灿烂的中华文明。以"致敬时代匠人，树立榜样力量"为主题开展实践活动，寻找身边的艺术工匠并进行一次人物访谈，直面他们的初心与坚守，从中感受榜样的力量，将中华优秀传统文化中所蕴含的工匠文化在新时代发扬光大。

2. 实践步骤

（1）围绕实践任务确定小组成员及各成员分工，并填写表3-6。
（2）小组成员商定至少1位人物采访对象，并填写表3-7。
（3）将实践过程和实践感悟等内容进行完整的记录，并填写表3-8。

3.实践表格

表3-6 "人物访谈——走近艺术工匠"分组情况一览表

序号	姓名	专业	组内分工	备注
1				组长
2				
3				
4				
5				
6				
7				
8				

表3-7 "人物访谈——走近艺术工匠"访谈对象基本信息一览表

姓名		性别		年龄	
民族		政治面貌		职业	
工作单位			联系电话		
主要工作经历					
主要工作成绩					

表 3-8　"人物访谈——走近艺术工匠"报告单

访谈对象	
访谈时间	
访谈地点	
访谈记录	
访谈报告	

4. 实践评价

实践评价内容、标准及分值见表 3-9。

表 3-9 "人物访谈——走近艺术工匠"实践评价表

序号	评价内容		评价标准	评价分值/分
1	访谈准备(访谈方案)		内容详细、具体,各项工作具体到个人; 访谈人物具有典型性,访谈地点合适	30
2	访谈实施	访谈前	(1)访谈准备充分; (2)访谈问题设计贴合主题和人物背景; (3)访谈前与访谈人进行有效沟通和对接	20
		访谈中	(1)访谈过程表现得体,不怯场,访谈态度真诚、客观,能营造轻松愉悦的访谈氛围; (2)能灵活使用访谈技巧; (3)访谈记录清晰	30
		访谈后	访谈结束后对访谈结果进行系统分析	20
总计				100

(四)观点致胜——"我身边的职业道德标兵"主题演讲

1. 实践任务——主题演讲

全国职工职业道德建设评选表彰活动开展以来,涌现出一大批爱岗敬业、事迹突出、群众认可、具有鲜明时代特征、典型性示范性强的先进典型。这些职业道德建设标兵来自多个行业,他们具有崇高职业道德和敬业精神,立足岗位,刻苦钻研,业务过硬,勇于创新,干一行爱一行,尽职尽责,默默奉献,恪守职业规范,办事公道,服务优质,赢得了群众的广泛好评。这些道德标兵离我们并不遥远,就在我们平常的生活中。

以"我身边的职业道德标兵"为主题进行一次演讲,走近身边的职业道德标兵,分享榜样故事,塑造榜样形象,感悟榜样精神,传递榜样力量,宣传典型人物,引导良好风气,进一步弘扬爱岗敬业、甘于奉献的职业道德精神,激励青年学子感恩奋进、拼搏赶超、踔厉奋发、笃行不怠,练就过硬的本领,担当新使命。

2. 实践步骤

(1)围绕实践任务"我身边的职业道德标兵"选定演讲主题,确定演讲题目。

(2)根据演讲听众确定演讲方式,拟定演讲提纲并形成演讲文稿。文稿用生动的事例饱含感情地描述这些职业道德标兵的事迹,传递爱岗敬业的正能量。

(3)完成表 3-10。

3. 实践表格

表 3-10　"观点致胜——'我身边的职业道德标兵'主题演讲"报告单

演讲主题	
演讲题目	
演讲者	
演讲听众	
演讲方式	
演讲提纲	

4.实践评价

实践评价内容、标准及分值见表3-11。

表3-11 "观点致胜——'我身边的职业道德标兵'主题演讲"实践评价表

序号	评价内容	评价标准	评价分值/分
1	演讲内容	主题明确、深刻，观点正确、鲜明；见解独到	15
		材料真实、典型、新颖，反映客观事实，具有普遍意义	15
		结构完整合理、层次分明，论点、论据具有逻辑性；构思巧妙，引人入胜	10
2	表达	语言规范，口齿清楚，发音标准，语调自然	20
		语速恰当、声音洪亮，节奏符合思想感情的起伏变化，具有感染力	20
		脱稿演讲，自然流畅不卡顿	10
		自然得体，端庄大方，有合适的肢体语言	10
	总计		100

四、知识拓展

职业道德与工匠精神

党的十八大以来，习近平总书记在多个重要场合多次强调发扬工匠精神，培养更多高技能人才和大国工匠，为全面建设社会主义现代化国家提供有力人才保障。《新时代公民道德建设实施纲要》要求，推动践行以爱岗敬业、诚实守信、办事公道、热情服务、奉献社会为主要内容的职业道德。工匠精神与职业道德有各自特定的内涵，关注点也各有侧重，但二者在价值追求、规范要求以及作用功能方面有着内在的一致性、相融性与互促性。新时代应注重将职业道德教育与工匠精神培育相结合，推动高素质高技术技能人才培养。

职业道德与工匠精神有各自特定的内涵

从概念的渊源上来说，职业道德与工匠精神是普遍与特殊、整体与部分的关系。职业道德是伴随社会分工而产生的,有了职业分工,人与人及各行各业之间就有了因职业而发生的职业关系,就有了因职业需要而产生的职业行为,因而也就产生了调节职业关系与指导、约束人们职业行为的职业道德。从事不同职业的人应当遵守相应职业所要求的道德规范与原则。工匠精神源于"工匠"这一特定职业。我国古代有"士农工商"四民之谓,其中的"工"从一般的意义来说就是指工匠,原指有手艺专长的人。《周礼·冬官考工记》对于"工匠"职责有明确的界定:"知者创物,巧者述之,守之世,谓之工。""工匠"的职责是造物,精湛的技艺是工匠的立足之本。"工匠精神"是指"工匠"所具备的心无旁骛、臻于化境的精神追求。

从概念的发展演化来说,现时代的工匠精神具有了普遍性的特点,已不局限于从事手工业劳动的"工匠"这类群体的特有精神,成为推及任何职业领域的概念。执着专注、精益求精、一丝不苟、追求卓越成为各行各业劳动者都应追求的职业品格。与此相应,职业道德作为一个普遍概念,包含所有职业都应当具备的职业品格。同时,作为一个特殊概念,则是指各行各业基于责、权、利统一基础上的对社会应当承担的特定的责任与义务。每一种职业由于其职业权利与义务不同,职业活动的特点不同,职业道德要求也就不同。比如,军人职业道德是服从命令、能征善战;教师的职业道德是教书育人、诲人不倦。工匠精神的内涵不会因职业不同而发生改变,职业道德则会因每一种职业的特殊社会职能而呈现出差异。

从关注的侧重点来看,工匠精神侧重于工作过程的规范性、严谨性和产品的精致、优质与卓越,职业道德则侧重于职业活动中与职业价值观相关的人与产品,人与人、职业与职业的关系。尽管工匠精神也通过对职业活动与产品的态度折射与凝结着从业者之间以及从业者与客户之间的关系,但其侧重点在于技术层面体现出的专业技能,其实质是基于对职业的敬畏与热爱,持之以恒地专注于把工作做好而生发出来的精神追求。职业道德的关注点在于由职业的特殊性所决定的从业者必须遵守和执行的职业承诺与职业行动。除了与工匠精神一样追求执着专注于工作自身外,职业道德还必须适应它的职业对象的特定要求,忠实履行其社会职能,同时处理好因社会分工而导致的各类职业内部以及与其他职业的关系。任何职业都必须在与其他相关职业的协同中,才能履行好其社会职能。职业道德为处理相关职业之间的关系提供规范,维护公平竞争环境,确保职业相关群体的权益得到尊重。

工匠精神与职业道德的内在一致性

工匠精神既有传承性,也有时代性。新时代工匠精神的内涵与职业道德有着内在的一致性。

从价值取向上看,二者有着共通性。"摩顶放踵利天下""兴天下人民之大利",这是中国古代班墨匠心文化所积极倡导的利他精神,也是"奉献社会"的职业道德的最高表现。任何职业都必须忠实地履行其社会职能,通过劳动实现自我价值或人生价值。这是工匠精神的本质内涵,也是职业道德的基本价值。职业道德为人们的职业活动提供伦理准则和道德规范,不仅影响着个人的职业发展,也塑造着整个行业的文化和声誉。工匠精神鼓励个体不断完善自己的技能,通过提高产品的质量和信誉在其行业、领域内脱颖而出。职业道德和工匠精神都是在承担社会义务与责任的同时,使个人的才能与价值充分实现。

从内容要求上看,二者具有互融性。"敬业者,专心致志以事其业也。"敬畏所从事的职业,就会表现出专心致志的态度与行为;"志不强者,智不达",专心致志地做事,聪明才智才能发挥作用。执着专注的态度、精益求精的境界、一丝不苟的行为、追求卓越的品格,工匠精神的核心内涵与新时代职业道德所要求的"诚实守信""热情服务""办事公道"等要求有着内在的一致性。当一个人具备执着专注的态度时,就会以高质量和高标准的要求对待工作,达到"诚实守信""热情服务"的效果。当一个人专注于把每一件平凡的事尽职尽责做好时,就不会因服务对象的不同而提供不同质量的服务,就会体现出"办事公道"的职业品质。"知之者不如好之者,好之者不如乐之者。"当工作不再是一种外在于自身价值和追求的"劳动",而成为一种乐趣时,追求卓越的工匠精神就与奉献社会的职业道德要求完全融为了一体。

从功能作用上看,二者有着互促性。"贡艺既精苦,用心必公平。"做事必须精益求精,做人必须公正公平。中国古代匠人就主张应"正德、利用、厚生"。一方面,职业道德是对从事某种职业的群体的道德要求和规范,可以为工匠精神提供价值指引。职业道德将职业知识、职业技能与职业价值融合起来,为工匠精神的培育奠定价值基础。另一方面,工匠精神所蕴含的执着专注、精益求精、一丝不苟、追求卓越等品质,对培养从业者的敬业意识、乐业精神、精业品质具有支撑作用。熟练掌握技能的人会更完整地感受和更深入地思考他们正在做的事情,有助于深刻理解职业的价值,从而为处理好各种职业之间的关系奠定基础。将凝聚着精益求精、追求完美的工匠精神融入职业道德教育,培养工匠型人才,对于弘扬劳动光荣的社会风尚和营造精益求精的敬业风气具有重要作用。

将工匠精神培育与职业道德教育相结合

职业道德为各行各业的从业者提供与社会发展目标相一致的职业价值与理念,为工匠精神的培育奠定价值基础。新时代,应把工匠精神培育与职业道德教育相结合,在职业道德教育中融入工匠精神,在大国工匠培养中贯穿立德树人要求。

首先,以"劳动光荣""奉献社会"的职业价值观引领工匠精神培育。崇尚劳动,在平凡的岗位上通过劳动奉献社会实现自身的价值,是新时代职业道德与工匠精神所倡导的职业价值观。当今社会,实业界急需有理想、懂技术、会创造、敢担当的产业工人大军,打造"中国智造""中国服务"等品牌,满足人民群众对美好生活的向往。应在全社会倡导劳动光荣、奉献社会的职业价值观,鼓励人们在平凡岗位干出不平凡的业绩。

其次,将工匠精神融入职业道德教育。每一种职业的存在都是基于其特殊的产品为社会所需要。职业道德关注职业与服务对象的关系,其最核心的要求就体现在产品的精益求精上。让职业对象发自内心的满意是职业道德的本质要求,其前提就是产品的质量保障。离开了每一职业所提供的特殊产品,职业存在的必要性也就丧失,也就不需要处理各种职业关系的职业道德。因此,无论从事哪一种职业,工匠精神都是其普遍与基本的要求。将工匠精神培育融入职业道德教育,培养精益求精的职业操守,有助于推动我国制造业转型升级,推动我国科技、教育、经济、文化以及服务行业立于世界先进行列。同时,将工匠精神融入职业道德教育,有助于培养从业者敬业、乐业的态度和品质,让从业者从平凡工作中体会到非凡成就,获得自我价值实现的自豪感和幸福感。

最后,将职业责任内化为各行各业高素质高技能人才的驱动力。"致天下之治者在人才。"无论拥有多么先进的技术,必须依赖高技能人才,才能转化为优质的产品。习近平总书记强调,要"加快培养大批高素质劳动者和技术技能人才"。"高素质"内在地包含了"有理想""有责任""有担当"。职业道德与工匠精神都是在平平淡淡的日常工作中时刻体现出来的优秀素质,其核心是职业责任。应将在自己平凡的岗位上"做好当班的事"的职业责任培养作为工匠精神培育与职业道德教育的着力点,使之成为各行各业高素质高技能人才的驱动力。

(资料来源:光明日报 10 月 16 日,https://news. gmw. cn/2023 - 10/16/content_36894455. htm 作者系北京市习近平新时代中国特色社会主义思想研究中心特约研究员、北京市委党校教授鄙爱红)

模块四

维护法律权威　提升法治素养

我们要坚持走中国特色社会主义法治道路，建设中国特色社会主义法治体系、建设社会主义法治国家，围绕保障和促进社会公平正义，坚持依法治国、依法执政、依法行政共同推进，坚持法治国家、法治政府、法治社会一体建设，全面推进科学立法、严格执法、公正司法、全民守法，全面推进国家各方面工作法治化。

——习近平在中国共产党第二十次全国代表大会上的报告(2022 年 10 月 16 日)

二、实践目标

(1)在不同的法治思想实践活动中，解决对中国特色社会主义法治体系的精髓的认识问题，突破习近平法治思想的核心要义这一难点问题。

(2)进一步提升大学生的法律素质，增强法治意识，培养的法治思维，推动社会主义法治文化建设。

(3)让大学生明白，每个人不仅是法治中国的受益者，更应是法治中国的建设实践者，做尊法学法守法用法的时代青年。

三、实践项目

(一)身临其境——法院庭审观摩

1.实践任务——在中国庭审公开网观摩一堂真实的庭审

司法公开让公平正义可触可感可信,更是保障人民的知情权、参与权、表达权与监督权的重要途径和方式。通过实践活动,青年学子能切身感受司法机关始终坚持以法治思维和法治方式,提升司法公开程度,保障人民群众对司法活动的知情权、参与权、表达权、监督权,努力让人民群众在每一个司法案件中感受到公平正义。

2.实践步骤

(1)根据实践活动要求,在线上找到中国庭审公开网,按照表4-1进行操作。明确观摩庭审涉及的相关法律方向,并做相关了解,选取准备观摩的一堂庭审。

(2)通过庭审观摩实践活动,直观地了解整个庭审的程序及公诉机关和审判机关的职能区分,拉近真实庭审与专业学习的距离,强化在校大学生的法律意识。

(3)通过生动的社会实践课促进高校法学教育与司法实践有机结合,并完成表4-2。

3. 实践表格

表4-1　"身临其境——法院庭审观摩"案件查询一览表

查询	具体操作	操作页面
非注册用户	打开中国庭审公开网进入网页 (http://tingshen.court.gov.cn/)	
	如果知道具体的开庭日期,可在开庭当日进入网站后,点击"法院导航",查找相应的法院,可以查到想观看的直播案件	
	如果不知道具体的开庭日期,可以通过搜索键输入相关案件的信息,如案号、法官名、案件名等,可以搜索到想要观看的案件	

续表4-1

查询	具体操作	操作页面
注册用户	打开中国庭审公开网进入网页	
	点击"注册",会出现注册对话框,按对话框的要求和提示填写相关信息,完成注册要求	
	直接点击"高级检索",输入相关的案件信息,可以直接查找到想观看的直播案件	

表 4-2 "身临其境——法院庭审观摩"报告单

姓名		班级		学号	
案 例					
开庭地点			观摩时间		
案号					
案由					
当事人情况	原告/公诉人:				
	被告/被告人:				
基本案情					
本案争议焦点					
对本案争议焦点的思考					
对代理人能力的思考					
判决结果预测					

4. 实践评价

实践评价内容、标准及分值见表4-3。

表4-3 "法案安天下——法院庭审观摩"实践评价表

序号	评价内容		评价标准	评价分值/分
1	案件确定		结合自己的知识储备和兴趣爱好,选择要观摩的庭审类型	10
2	观后有感	所思	本案争议的焦点以及对焦点的思考	30
		所想	对代理人能力的思考及判决结果的预测	20
		所悟	观看公开庭审的心得体会	30
3	观摩交流		观点表达清晰,条理清楚,重点突出,有自己的见解,行文流畅	10
	总计			100

(二)社会调查——"当代大学生的法治意识"问卷调查

1. 实践任务——问卷调查

提升全体公民法治意识和法治素养是全面依法治国的基础性工程,是建设法治国家、法治社会的重要内容。公民的法治意识和法治素养一定程度上决定着国家的法治进程。通过对在校大学生开展法治意识的调查问卷,积极引导大学生在日常学习和生活中运用法治思维进行思考,做社会主义法治的忠实崇尚者、自觉遵守者、坚定捍卫者,为民族复兴伟业筑牢坚实法治根基。

2. 实践步骤

(1)围绕实践任务确定小组成员及各成员分工,并填写表4-4。

(2)小组及成员从本校或者其他学校选取不同年级、层次的高校大学生作为问卷调查对象,进行以"当代大学生的法治意识"为主题的问卷调查,并对调查数据进行客观、全面的分析,针对存在的问题形成合理、建设性建议,并填写表4-5。

(3)各小组根据实践任务完成情况进行小组自我评价。

3. 实践表格

表4-4 "社会调查——'当代大学生的法治意识'问卷调查"分组情况一览表

序号	姓名	专业	组内分工	备注
1				组长
2				
3				
4				
5				
6				
7				
8				

表4-5 "社会调查——'当代大学生的法治意识'问卷调查"报告单

问卷主题	
问卷标题	
问卷数量	
小组成员	
问卷分析	
对策建议	

4. 实践评价

实践评价内容、标准及分值见表4-6。

表4-6　"社会调查——'当代大学生的法治意识'问卷调查"实践评价表

序号	评价内容		评价标准	评价分值/分
1	调查准备(实践方案)		内容详细、具体,各项工作具体到个人	10
2	问卷调查	问卷设计	(1)调查问卷设计合理,贴近专业寻找切入点; (2)问卷题量适中	20
		问卷分析	(1)发放和回收调查问卷数量合理; (2)调查数据客观真实; (3)数据分析深入全面	40
		对策建议	针对出现的问题提出的对策建议具体可行,能产生实效	20
3	小组协作		各成员各司其职,调查问卷有序开展	10
	总计			100

(三) 艺术创意——情景剧: 我是《民法典》传播人

1. 实践任务——艺术创意

习近平总书记指出:"民法典系统整合了新中国成立七十多年来长期实践形成的民事法律规范,汲取了中华民族五千多年优秀法律文化,借鉴了人类法治文明建设有益成果,是一部体现我国社会主义性质、符合人民利益和愿望、顺应时代发展要求的民法典"。《民法典》要实施好,就必须用不同的普法方式让民法典走到群众身边、走进群众心里。青年学子用情景剧的方式进行《民法典》的普法,能够让人们更好地了解这部法典。

2. 实践步骤

(1)围绕实践任务确定小组成员及各成员分工,并填写表4-7。

(2)小组成员以"普法"为主题开展艺术创意活动,让更多的人了解《民法典》,知道法律的羽翼温暖和保护每一个弱者,守护和滋养每一位公民。

(3)小组完成任务后填写表4-8。

3.实践表格

表4-7 "艺术创意——情景剧：我是〈民法典〉传播人"分组情况一览表

序号	姓名	专业	组内分工	备注
1				组长
2				
3				
4				
5				
6				
7				
8				

表4-8 "艺术创意——情景剧：我是〈民法典〉传播人"报告单

艺术创意人	
艺术创意主题	
艺术创意来源	
艺术创意剧本及演出情况	

注：艺术创意剧本及演出情况一栏中，附不低于3张的演出照片。

4. 实践评价

实践评价内容、标准及分值见表 4-9。

表 4-9　"艺术创意——情景剧：我是〈民法典〉传播人"实践评价表

序号	评价内容	评价标准	评价分值/分
1	艺术创意主题	明确，有创意	10
2	艺术创意来源	(1)案例真实，具有典型性； (2)素材丰富、翔实	10
3	艺术创意讨论	(1)思路清晰，观点和见解表达流畅，融入了自己的思考； (2)法律适用规范	20
4	艺术创意表达	(1)具有独特性和创新性。情景剧表演故事逻辑严密，形体表现美，语言规范，口齿清楚，发音标准，语调自然； (2)艺术创意作品具有感染力，引人思考	50
5	小组协作	小组分工责任明确，各成员各司其职	10
	总计		100

(四)观点致胜——辩论赛："社会稳定主要依靠法律还是道德维持?"

1. 实践任务——辩论赛

以"社会稳定主要依靠法律还是道德维持?"为题，结合社会热点，以小组形式开展辩论赛，从而提升学生的法律素养，锻炼辩论能力，增强法治意识，拓宽视野。通过辩论赛，学生能深入了解和探讨各种法律问题，提高自己的法律素养和意识，同时锻炼自己的逻辑思维、语言表达能力和辩论技巧。

2. 实践步骤

(1)组队。四对四团体辩论赛，每队 4 位辩手，采取团体赛形式。

(2)抽签。各队抽签决定正、反方。

(3)比赛。辩手发言时必须使用普通话，发音清晰，话语流畅，不得使用方言或外语，不得进行人身攻击或恶意诋毁他人。自由辩论环节中，辩手发言次数不得超过规定次数，否则将被扣分。全程比赛用时 33 分钟，程序见表 4-10。

表4-10 "观点致胜——辩论赛：'社会稳定主要依靠法律还是道德维持？'"辩论赛程序及用时规定

顺序	程序	时间	备注
1	正方一辩发言	2分30秒	—
2	反方一辩发言	2分30秒	—
3	正方二辩选择反方二辩或三辩进行一对一攻辩	1分45秒	每次提问不超过15秒
4	反方二辩选择正方二辩或三辩进行一对一攻辩	1分45秒	每次回答不超过20秒
5	正方三辩选择反方二辩或三辩进行一对一攻辩	1分45秒	—
6	反方三辩选择正方二辩或三辩进行一对一攻辩	1分45秒	—
7	正方一辩进行攻辩小结	1分30秒	—
8	反方一辩进行攻辩小结	1分30秒	—
9	自由辩论（正方先开始）	8分钟（双方各4分钟）	—
10	观众向正方提出一个问题	回答时间不超过1分钟	除四辩外任意辩手回答
11	观众向反方提出一个问题	回答时间不超过1分钟	同上
12	观众向正方提出一个问题	回答时间不超过1分钟	同上
13	观众向反方提出一个问题	回答时间不超过1分钟	同上
14	反方四辩总结陈词	3分钟	—
15	正方四辩总结陈词	3分钟	—

（4）评选获胜方和最佳辩手。评委团由3位以上的评委组成，每位评委根据辩手的表现进行评分，最终以平均分作为该队伍的最终得分。获胜方由评委评分选出；最佳辩手（可出自非获胜方）采用评委投票和观众投票的形式评选出。

（5）点评和总结。评委总结整场比赛、点评双方选手的表现，阐明获胜队伍和最佳辩手的获胜原因。

（6）宣传和分享。比赛结束后，将比赛视频和照片上传至学校官方网站和社交媒体平台进行宣传和分享。

（7）完成表4-11、表4-12。

3. 实践表格

表 4-11　"观点致胜——辩论赛:'社会稳定主要依靠法律还是道德维持?'"分组情况一览表

队名				
位置	姓名	专业	组内分工	备注
一辩				队长
二辩				
三辩				
四辩				

表 4-12　"观点致胜——辩论赛:'社会稳定主要依靠法律还是道德维持?'"正、反方辩论词

正、反方一辩开篇立论词(约 500 字)

攻辩问题(赛前准备,比赛时适时更改)
(1) (2) (3) (4) (5) (6)

正、反方四辩总结陈词(约 600 字)

4. 实践评价

实践评价内容、标准及分值见表4-13。

表4-13 "观点致胜——辩论赛：'社会稳定主要依靠法律还是道德维持？'"辩论赛实践评价表

序号	评价内容	评价标准	评价分值/分
1	语言表达	使用标准的普通话进行发言，没有明显的方言或口音	20
		语速适中，不快不慢，易于观众理解和消化	
		语调起伏有致，能够根据发言内容调整语调，增强表达效果	
2	逻辑性和说服力	提出的论点清晰明确，能够准确传达队伍的观点和立场	20
		论点具有逻辑性和合理性，能够自圆其说，不出现明显的逻辑漏洞	
		观点的表述清晰、明了，不出现含糊不清的情况	
		论证过程严密、连贯，具有逻辑性，能支持论点	
		论点和论证具有说服力，能够使听众信服	
3	论证方法和证据	采用的论证方法科学、合理，能够有效地支持论点	20
		使用的证据充分、有力，能够支持论点	
		使用的证据准确、可靠，不出现误导或虚假的情况	
		使用的证据与论点相关，能够直接支持论点	
4	反驳和辩驳能力	能够及时回应对方的观点和论证，不出现冷场或延误的情况	20
		辩驳对方的观点和论证时，能够有理有据地进行反驳	
		能够有效地击破对方的论证过程或证据，使对方无法自圆其说	
		采用适当的反驳技巧，如引经据典、举例说明等，增强反驳效果	
5	总结和发言技巧	总结时能够简洁明了地概括队伍的观点和立场	20
		总结时能够突出重点，强调关键论点和论据	
		总结时结构清晰、条理分明，易于观众理解和记忆	
		采用适当的发言技巧，如控制语速、调整语调等，增强发言效果	
	总计		100

四、知识拓展

人民陪审员制度

人民陪审员是依照《中华人民共和国人民陪审员法》产生，代表人民群众在人民法院参加审判活动的人员。人民陪审员依法参加人民法院的审判活动，除法律另有规定外，同法官有同等权利。

1.人民陪审员制度

人民陪审员制度是中国特色社会主义司法制度的重要组成部分，是社会主义民主制度在司法领域的重要体现，是人民群众了解司法、参与司法、监督司法的直接形式，也是弘扬司法民主、促进司法公开、保障司法公正、增强司法公信的有力保证。

公民担任人民陪审员，应当具备下列条件：

(1)拥护《中华人民共和国宪法》；

(2)年满二十八周岁；

(3)遵纪守法、品行良好、公道正派；

(4)具有正常履行职责的身体条件；

(5)担任人民陪审员，一般应当具有高中以上文化程度。

2.哪些人员不能担任人民陪审员？

(1)人民代表大会常务委员会的组成人员，监察委员会、人民法院、人民检察院、公安机关、国家安全机关、司法行政机关的工作人员；

(2)律师、公证员、仲裁员、基层法律服务工作者；

(3)其他因职务原因不适宜担任人民陪审员的人员；

(4)受过刑事处罚的人员；

(5)被开除公职的人员；

(6)被吊销律师、公证员执业证书的人员；

(7)被纳入失信被执行人名单的人员；

(8)因受惩戒被免除人民陪审员职务的人员；

(9)其他有严重违法违纪行为，可能影响司法公信的人员。

3.人民陪审员的权利和义务

权利：人民陪审员依法享有参加审判活动、独立发表意见、获得履职保障等权利。

义务：①人民陪审员应当忠实履行审判职责，保守审判秘密，注重司法礼仪，维护司法形象；②人民陪审员应当依法遵守回避制度。人民陪审员的回避，适用审判人员回避的法律规定；③人民陪审员应当按照要求参加培训。

4. 人民陪审员参与审理的案件范围

《中华人民共和国人民陪审员法》第十五条规定：人民法院审判第一审刑事、民事、行政案件，有下列情形之一的，由人民陪审员和法官组成合议庭进行：（一）涉及群体利益、公共利益的；（二）人民群众广泛关注或者其他社会影响较大的；（三）案情复杂或者有其他情形，需要由人民陪审员参加审判的。人民法院审判前款规定的案件，法律规定由法官独任审理或者由法官组成合议庭审理的，从其规定。"

《中华人民共和国人民陪审员法》第十六条规定："人民法院审判下列第一审案件，由人民陪审员和法官组成七人合议庭进行：（一）可能判处十年以上有期徒刑、无期徒刑、死刑，社会影响重大的刑事案件；（二）根据民事诉讼法、行政诉讼法提起的公益诉讼案件；（三）涉及征地拆迁、生态环境保护、食品药品安全，社会影响重大的案件；（四）其他社会影响重大的案件。"

4. 人民陪审员的选任方式

一是随机抽选为主的方式。《人民陪审员选任办法》规范了随机抽选的程序步骤，以及随机抽选候选人、建立候选人信息库、候选人资格审查、征求意见、确定人选等内容。

二是个人申请和组织推荐为辅的方式。根据审判工作的需要，可以由个人申请组织推荐方式产生一定比例的具备特定专业知识和素养的人民陪审员，这是对"随机抽选"选任方式的有益补充。通过这种方式产生的陪审员不得超过所在基层人民法院人员陪审员名额数的 1/5，这样既能满足审判工作的实际需要，又能保证人民陪审员的广泛性。

5. 人民陪审员参加审判活动有报酬吗？

根据《中华人民共和国人民陪审员法》第三十条、第三十一条的规定，人民陪审员参加审判活动期间，由人民法院依照有关规定按实际工作日给予补助。人民陪审员因参加审判活动而支出的交通、就餐等费用，由人民法院依照有关规定给予补助。

（资料来源：http://www.lianzhou.gov.cn/qylzsfj/gkmlpt/content/1/1757/mpost_1757109.html#5148，有删减）

模块五

继承优良传统　勇于自我革命

一、平语近人

全党必须牢记，全面从严治党永远在路上，党的自我革命永远在路上，决不能有松劲歇脚、疲劳厌战的情绪，必须持之以恒推进全面从严治党，深入推进新时代党的建设新的伟大工程，以党的自我革命引领社会革命。

——习近平在中国共产党第二十次全国代表大会上的报告(2022 年 10 月 16 日)

二、实践目标

(1)了解党的建设在不同历史时期的异同，理解党是全面建设社会主义现代化国家、全面推进中华民族伟大复兴的关键。

(2)掌握新时代党的建设总要求。深入理解党要以新气象新作为统揽推进伟大斗争、伟大工程、伟大事业、伟大梦想，就必须加强党的建设。

(3)青年学子坚定政治信仰，提升思想政治觉悟，积极向党组织靠拢，以党员标准严格要求自己。

三、实践项目

（一）身临其境——《建党伟业》情景再现

1. 实践任务——情景再现

《建党伟业》是为庆祝中国共产党建党九十周年而制作的献礼影片。该影片讲述了从1911年辛亥革命爆发至1921年中国共产党第一次全国代表大会召开十年间中国所发生的一系列重大历史事件

小组成员集中观看《建党伟业》，挑选适合翻拍的关键情节，记录好人物形象、事件主要过程、事件场景、台词、肢体语言等关键信息，根据各成员个性特征和能力，分配好表演角色、拍摄、后期制作等任务，拍摄一段不少于5分钟的短视频、微电影或舞台剧等。视频成品为MP4格式，清晰度为1080P（1920×1080），编码格式为H.264，配备中文字幕。要求情节完整，启示或警示意义较大，展现青年学生对建党精神的理解。

2. 实践步骤

（1）围绕实践任务确定小组成员及各成员分工，并填写表5-1。

（2）小组成员分工浏览《建党伟业》主要故事情节，再讨论和选取合适情境再现的片段进行拍摄，并填写表5-2。

（3）各小组根据实践任务完成情况进行小组自我评价。

3. 实践表格

表5-1 "身临其境——〈建党伟业〉情景再现"分组情况一览表

序号	姓名	专业	组内分工	备注
1				组长
2				
3				
4				
5				
6				
7				
8				

表 5-2　"身临其境——〈建党伟业〉情景再现"报告单

影片名称	
观影时间、地点	
再现形式	
影片内容	（包含人物、场景、事件、意义等）
观影体会	

4. 实践评价

实践评价内容、标准和分值见表 5-3。

表5-3 "身临其境——〈建党伟业〉情景再现"实践评价表

序号	评价内容	评价标准	评价分值/分
1	查找并选取关键情节	小组合作积极查找关键情节;认真观看其中的人物信息、事件过程、教育意义等,选取的作品片段教育意义突出;拟好作品名称并填写表格	20
2	作品完成	作品立意明确、逻辑清晰;作品名称对应主要情节;人物形象恰当,台词表演到位	50
3	作品提交	及时按要求提交作品,作品视频清晰流畅	10
4	小组合作	各成员分工明确,团结协作	20
	总计		100

(二)社会调查——所在学院基层党组织建设调研

1. 实践任务——社会调查

根深才能叶茂,本固才能枝荣。党的基层组织是党的肌体的"神经末梢",是党在社会基层组织中的战斗堡垒。小组团队运用科学的社会调查方法,了解所在学院的党组织日常运行、工作主要着力点和解决对策、优秀建设经验等。在实践活动中理解基层党组织的重要地位。

2. 实践步骤

(1)围绕实践任务确定小组成员及各成员分工,填写表5-4。

(2)小组从学校确定至少一个基层党支部作为调研对象,先从该党支部官方网站或自媒体平台了解其整体情况,初步拟定调研的几个主要方面,前期协调好后进行现场调研,最后填写表5-5。

(3)各小组根据实践任务完成情况进行小组自我评价。

3. 实践表格

表5-4 "社会调查——所在学院基层党组织建设调研"分组情况一览表

序号	姓名	专业	组内分工	备注
1				组长
2				
3				
4				
5				
6				

表 5-5　"社会调查——所在学院基层党组织建设调研"报告单

调研时间	
调研地点	
调研成员	
调研内容	
调研方式	
调研数据	
调研报告	(需粘贴调研现场图片)

4. 实践评价

实践评价内容、标准和分值见表5-6。

表5-6 "社会调查——所在学院基层党组织建设调研"实践评价表

序号	评价内容	评价标准	评价分值/分
1	调研准备（调研方案）	(1)调研目的清晰明确； (2)调研设计合理，包含调研对象、调研方法、调研时间等方面的选择合理	10
2	调研实施	(1)做好调研前的沟通协调工作； (2)调研中灵活运用调研方法； (3)认真做好调研过程的记录，包括文字和影像资料	40
3	调研报告	(1)认真分析调研数据资料； (2)全面梳理调研各项材料； (3)形成调研成果，提出合理化建议，撰写调研报告	30
4	小组合作	任务分配合理，团队积极合作，无安全事故	20
	总计		100

（三）艺术创意——"青春心向党"艺术创作活动

1. 实践任务——艺术创作活动

围绕"青春心向党"主题创作，通过艺术作品反映建党百年以来周围发生的深刻变化、个人的难忘经历和生活变迁、先进党员代表人物的感人故事等，歌颂和展示各项工作中取得的辉煌成就与经济社会发展取得的巨大成就，抒发爱党爱国之情。内容须紧扣时代脉搏，唱响爱国主义主旋律，弘扬中华优秀传统文化，兼顾思想性、艺术性、鉴赏性。作品体裁、形式不限，音乐、绘画、书法、手工、短视频作品均可。可以个人形式参加，亦可以小组形式参加。

2. 实践步骤

(1)学生以1~5人为一组，一个教学班分成若干个小组。

(2)召开小组会议，参考表5-7，确定本次作品的形式和内容，布置好小组分工，做好工作计划。

（3）各小组按计划完成相关艺术创作，并保留相关记录，并随同艺术作品按时上传或提交至任课教师处。

（4）各小组根据实践任务完成情况进行小组自我评价。

（5）完成表5-8、表5-9。

表5-7　"艺术创意——'青春心向党'艺术创作活动"作品类型一览表

作品类型	类型描述
表演类	短剧、小品、戏曲、音乐、舞蹈等，演出时间不超过5分钟，表演过程用手机拍摄记录，作品以视频方式提交，MP4格式，大小不超过200 M，一镜到底，不得拼接
美术类	中国画、书法、摄影、油画、版画、雕塑、装置艺术、手工艺等作品需提交原件及电子照片（JPG 或 JPEG 格式）
	海报、H5、条漫、数码插画、动漫衍生品、服饰品设计等作品可直接提交电子文件（JPG 或 JPEG 格式，RGB 模式，分辨率不低于 150 dpi）
影视类	影视短片、动画片、vlog 等作品以 MP4 格式提交，视频时长不超过5分钟，清晰度为 1080P（1920×1080），编码格式为 H. 264，配备中文字幕，文件大小控制在 200 M 以内

3. 实践表格

表5-8　"艺术创意——'青春心向党'艺术创作活动"分组情况一览表

序号	姓名	专业	组内分工	备注
1				组长
2				
3				
4				
5				

表 5-9 "艺术创意——'青春心向党'艺术创作活动"报名表

作品名称			
类型	（在相应方框内打√） 表演类□　美术类□　影视类□	作品时长	分　　秒
所在班级	例：＊＊老师 A 班	所在年级	
主创团队			
组长电话		电子邮箱	
作品内容 简介	（不少于 500 字）		
作者授权	此作品为本人的原创作品，同意并授权学校全媒体平台合法使用本作品进行展播。 （签字或签章） 年　月　日		

4. 实践评价

实践评价内容、标准和分值见表 5-10。

表 5-10　"艺术创意——'青春心向党'艺术创作活动"实践评价表

序号	评价内容	评价标准	评价分值/分
1	主题贴合度	作品需主题突出、特色鲜明，坚持马克思主义历史观，展现正确价值导向	20
2	创意独特性	构思新颖，在继承和融合方面具有创新，提倡不同艺术门类的跨界融合，艺术与新技术、新材料融合	20
3	艺术表现力	能体现较强的艺术技能，作品的视觉效果、艺术风格和表现手法等方面出色	20
4	文字表达能力	作品介绍表达流畅、准确，语言优美	20
5	作品完成度	作品的细节处理、技术实现和制作水平质量达到相关要求	10
6	小组评价	小组集体荣誉感强，各成员分工明确，注重团队协作	10
	总分		100

(四)观点致胜——"百年党史青年说"主题演讲

1. 实践任务——主题演讲

聚焦中国共产党建党以来的重要历史时期，从该时期涌现的革命精神、革命事件、英雄人物、革命文物中任选一个主题，以个人形式开展演讲比赛。通过回顾党的峥嵘历程，继承党的光荣传统，弘扬党的优良作风，展示新时代青年学生肩负的历史使命和奋发向上的精神风貌。

2. 实践步骤

(1)选定演讲主题，搜集相关资料，撰写演讲提纲和演讲文稿。

(2)录制演讲视频。要求视频时长不超过 6 分钟，MP4 格式，视频内不能泄露演讲者及所在班级的相关信息。

(3)完成表 5-11 和表 5-12。

3. 实践表格

表 5-11 "观点致胜——'百年党史青年说'主题演讲"报名表

姓名		性别	
学院		专业	
年级		班级	例：××选课 A 班
电话		电子邮箱	
曾获荣誉			
演讲题目			
演讲提纲			
演讲文稿			

表 5-12 "观点致胜——'百年党史青年说'主题演讲"作品汇总表

序号	演讲题目	演讲人	指导教师(不超过2名)
1			
2			
3			

4. 实践评价

实践评价内容、标准和分值见表 5-13。

表 5-13 "观点致胜——'百年党史青年说'主题演讲"实践评价表

序号	评价内容	评价标准	评价分值/分
1	演讲内容	主题明确、深刻,观点正确、鲜明;见解独到	15
		材料真实、典型、新颖,反映客观事实,具有普遍意义	15
		结构完整合理、层次分明,论点、论据具有逻辑性;构思巧妙,引人入胜	10
2	演讲表达	语言规范,口齿清楚,发音标准,语调自然	20
		语速恰当、声音洪亮,节奏符合思想感情的起伏变化,具有感染力	20
		脱稿演讲,自然流畅不卡顿	10
		自然得体,端庄大方,有合适的肢体语言	10
	总计		100

四、知识拓展

从三个维度领会习近平总书记关于党的自我革命的重要思想

习近平总书记指出，在新时代十年全面从严治党的实践和理论探索中，我们不断深化对党的自我革命的认识，积累了丰富实践经验，形成了一系列重要理论成果，系统回答了我们党为什么要自我革命、为什么能自我革命、怎样推进自我革命等重大问题。

习近平总书记关于党的自我革命的重要思想，是新时代新征程深入推进全面从严治党、党风廉政建设和反腐败斗争的根本遵循。

（一）我们党为什么要自我革命

"我们党作为世界上最大的马克思主义执政党，如何成功跳出治乱兴衰历史周期率、确保党永远不变质不变色不变味？这是摆在全党同志面前的一个战略性问题。"

此次中央纪委全会上，习近平总书记又一次谈到"历史周期率"这一重要问题。

党的十八大以来，在推进全面从严治党的伟大实践中，以习近平同志为核心的党中央不断进行实践探索和理论思考，在毛泽东同志当年给出"让人民来监督政府"的第一个答案基础上，给出了第二个答案，那就是不断推进党的自我革命。

跨越漫长岁月的两个答案，从探寻党和人民的关系，到着眼自身、刀刃向内，一以贯之的是坚守初心使命、掌握历史主动的自觉，是走好"赶考"之路的清醒和坚定。

习近平总书记表示，我经常讲跳出历史周期率问题，这是关系党千秋伟业的一个重大问题，关系党的生死存亡，关系我国社会主义制度的兴衰成败。

早在学习贯彻党的十九大精神研讨班开班式上，习近平总书记从历代封建王朝盛极而衰，到历次农民起义先胜后败，再到苏联解体、苏共垮台、东欧剧变，深入剖析古今中外治乱兴衰留下的命题，深刻指出其根本原因在于"解决不了自己的问题"。

以史为鉴，可以知兴替。

党的十八大以来，中国特色社会主义进入新时代，民族复兴进入关键阶段，党推进着前无古人的伟大事业，也面临着前所未有的风险挑战。对如何跳出历史周期率的思考，始终萦绕在习近平总书记的心头。

2015年5月，在中央全面深化改革领导小组第十二次会议上强调"勇于自我革命，敢于直面问题"；

2016年7月，在庆祝中国共产党成立95周年大会上指出，全党要以自我革命的政治勇气，着力解决党自身存在的突出问题，不断增强党自我净化、自我完善、自我革新、自我提高能力；

2017年10月，在党的十九大报告中指出，只有以反腐败永远在路上的坚韧和执着，深化标本兼治，保证干部清正、政府清廉、政治清明，才能跳出历史周期率，确保党和国家长治久安；

2022 年 10 月，在党的二十大报告中指出，经过不懈努力，党找到了自我革命这一跳出治乱兴衰历史周期率的第二个答案，确保党永远不变质、不变色、不变味；

…………

从不断深化对自我革命的认识，到新时代纵深推进全面从严治党，理论与实践的不懈追求，都着眼于跳出治乱兴衰的历史周期率，着眼于以伟大自我革命引领伟大社会革命，实现强国建设、民族复兴的宏伟目标。

(二)我们党为什么能自我革命

自我革命，犹如拿起手术刀给自己动手术，痛苦非常、艰难非凡，中国共产党为什么能做到？

无私者，无畏。

习近平总书记深刻指出，我们党之所以有自我革命的勇气，是因为我们党除了国家、民族、人民的利益，没有任何自己的特殊利益。

党没有任何自己特殊的利益，这是我们党敢于自我革命的勇气之源、底气所在。

一百多年来，党外靠发展人民民主、接受人民监督，内靠全面从严治党、推进自我革命，勇于坚持真理、修正错误，勇于刀刃向内、刮骨疗毒，保证了党长盛不衰、不断发展壮大。"窑洞之问"的两个答案，贯穿着一个颠扑不破的真理——"人心向背关系党的生死存亡"。

"人民群众反对什么、痛恨什么，我们就要坚决防范和打击""得罪千百人，不负十四亿""我们不能关起门来搞自我革命，而要多听听人民群众意见，自觉接受人民群众监督"……

回看新时代全面从严治党的伟大实践，从"打虎""拍蝇""猎狐"，以重拳之势反腐惩恶；到紧盯"四风"顽疾，从严查处、强化震慑；再到推动全面从严治党向基层延伸，坚决整治和查处群众身边的不正之风和腐败问题……一项项扎实举措，"人民利益"是始终不变的关键词。

自我革命精神，是党永葆青春活力的强大支撑。

先进的马克思主义政党不是天生的，而是在不断自我革命中淬炼而成的。

党的第三个历史决议将"坚持自我革命"作为党百年奋斗的 10 条历史经验之一，要求必须倍加珍惜、长期坚持，并在新时代实践中不断丰富和发展。

(三)我们党怎样推进自我革命

踏上新征程，面对国内外形势的新变化和实践的新发展，有没有强烈的自我革命精神，能不能把党的自我革命进行到底，是决定党和国家事业兴衰成败的关键因素。

2022 年 1 月，党的百年华诞后首次中央纪委全会上，习近平总书记深刻分析全面从严治党和自我革命之间的关系，以"六个必须"阐释党推进自我革命的"组合拳"，内容涵盖政治建设、思想建设、作风建设、反腐败斗争、组织建设、制度建设等多个方面。

党的二十大报告首次对"完善党的自我革命制度规范体系"进行专门部署，把制度建设摆在更加突出位置，强调"形成坚持真理、修正错误，发现问题、纠正偏差的机制"……

这次中央纪委全会上，锚定推进自我革命这一重要任务，突出强调"九个以"的实践要求——

以坚持党中央集中统一领导为根本保证；

以引领伟大社会革命为根本目的；

以习近平新时代中国特色社会主义思想为根本遵循；

以跳出历史周期率为战略目标；

以解决大党独有难题为主攻方向；

以健全全面从严治党体系为有效途径；

以锻造坚强组织、建设过硬队伍为重要着力点；

以正风肃纪反腐为重要抓手；

以自我监督和人民监督相结合为强大动力。

9个方面要求，既有宏观层面的目标任务、顶层设计，也有落细落实、重点突出的方式方法；既有认识论，又有方法论，为在新征程上继续推进党的自我革命提供了强大思想武器、科学行动指南。

这次中央纪委全会上，习近平总书记深入分析当前反腐败斗争形势，强调"对反腐败斗争的新情况新动向要有清醒认识，对腐败问题产生的土壤和条件要有清醒认识"，并对反腐败工作作出具体部署。

全面从严治党永远在路上，党的自我革命永远在路上。

新征程上，深刻领会习近平总书记关于党的自我革命的重要思想的精髓要义、实践要求，纵深推进全面从严治党，中国共产党必将在新的赶考之路上向历史和人民交出新的优异答卷。

（资料来源：新华网 http：//www. news. cn/politics/leaders/20240108/fa93ecbc2e5a4bd 3afe30f33a1320f94/c. html，有删减）

模块六

勇立时代潮头　弘扬中国精神

一、平语近人

　　坚持深化改革开放。深入推进改革创新，坚定不移扩大开放，着力破解深层次体制机制障碍，不断彰显中国特色社会主义制度优势，不断增强社会主义现代化建设的动力和活力，把我国制度优势更好转化为国家治理效能。

　　　　　　　——习近平在中国共产党第二十次全国代表大会上的报告(2022 年 10 月 16 日)

二、实践目标

　　(1)让学生进一步了解改革开放四十多年以来的历程与成果，尤其是新时代十年以来伟大变革中取得的伟大成就，感受改革创新的强大动能。

　　(2)让学生理解改革是历史的必然，明确改革是时代发展的最强音。

　　(3)掌握改革创新的出发点和落脚点始终是为了人民，人民是改革创新的原动力和依靠力量。

　　(4)学生能够自觉进行改革创新实践，并将自己的青春热情投身到改革创新中去，与全体人民一起形成最广泛、最深厚的社会改革创新基础，全面建成社会主义现代化强国。

三、实践项目

(一)视听赏析——《将改革进行到底》专题观影

1.实践任务——观看大型政论专题片

坚持改革开放,是我们的强国之路。只有改革开放,才能发展中国、发展社会主义、发展马克思主义。要全面深化改革,完善和发展中国特色社会主义制度,推进国家治理体系和治理能力现代化。为全面总结展示改革的进展与成就,中央电视台制作播出了十集大型政论专题片《将改革进行到底》。该专题片是对全面深化改革全景式、权威性的梳理总结,既体现了较强的思想性和理论深度,又讲述了人民群众身边生动的改革故事。请选择该专题片中的一集进行观看,撰写观后感。

该专题片共有十集,每集名称和主要内容见表6-1。

表6-1 大型政论专题片《将改革进行到底》分集名称及主要内容

选集序号	名称	主要内容	时长
第一集	《时代之问》	本集从国内和国际视野出发,透过历史、当代和未来的时空坐标,紧紧围绕习近平谈治国理政新理念新思想新战略,讲述了全面深化改革重大战略部署的决策过程,描述了习近平总书记改革理念的形成轨迹,系统阐释了全面深化改革"为什么改""往哪儿改""为谁改""怎么改""如何改到位"等重大理论问题,勾勒了全面深化改革具有"四梁八柱"性质的主要领域改革框架,概括和总结了全面深化改革的主要特征,生动讲述了党的十八大以来伟大改革进程给人民群众带来的获得感	48分54秒
第二集	《引领经济发展新常态》	本集聚焦经济体制改革,紧紧围绕习近平谈治国理政新理念新思想新战略,以"新常态"这一当前中国经济发展的大逻辑贯穿全集,生动展现了党的十八大以来,以习近平同志为核心的党中央带领中国人民,深化经济体制改革,回答对中国经济"怎么看""怎么干""干什么"等重大理论和现实问题,始终扣住处理好政府和市场关系这一核心,大力转变发展方式,奋力突破结构之困的伟大实践	46分52秒

续表6-1

选集序号	名称	主要内容	时长
第三集	《人民民主新境界》	自全面吹响改革开放的号角以来，在不断深化的改革进程中，党的领导得以加强和改善，从根本上保证了改革的正确方向。人民代表大会制度在创新与实践当中，不断与时俱进。推进协商民主广泛多层制度化发展，以宪法为核心的中国特色社会主义法律体系不断完善。本集按照"党的领导""人民当家作主""依法治国"三大板块结构全片，展开了一幅发展更加广泛、更加充分、更加健全的人民民主的生动画卷	44分33秒
第四集	《维护社会公平正义》	公平正义，是雕刻在我们内心深处的价值坐标。它是中国共产党带领中国人民矢志不渝的崇高追求，是五千年中华文明积淀传承的精神基因，是今天中国共产党人治国理政的一贯主张。本集以不同的典型案例讲述公平正义的时代进程。公平正义是人民群众获得安全感和幸福感的重要保障。让法之所向，成为民之所盼。在当下的中国，司法改革的每一个步伐，正如雕刻师手中的刻刀，将"公平正义"的信仰，深深地雕刻进时光的年轮，雕刻在人民群众的心中	45分05秒
第五集	《延续中华文脉》	流淌过五千年历史长河，中华文明屹立世界潮头。习近平总书记以深厚的文化自信，为新时期的文化改革指明方向。习近平总书记说道："高擎民族精神火炬，吹响时代前进号角……为我们的人民昭示更加美好的前景，为我们的民族描绘更加光明的未来。"传承传统文化，弘扬时代精神，讲好中国故事。中国出版业、演艺业、影视业，如何从高原走向高峰？以人民需求为导向，五年中，普通老百姓享受到了哪些文化改革成果？面对全新舆论格局，中国媒体融合之路走向何方？中国需要世界，世界也需要中国，中国文化如何在世界舞台上展现魅力？	43分10秒
第六集	《守住绿水青山》	聚焦生态文明体制改革，从习近平总书记提出的"生态兴则文明兴""绿水青山就是金山银山"等重要论述出发，反映以习近平同志为核心的党中央全面推进生态文明体制改革以来取得的巨大成就。通过揭秘《生态文明体制改革总体方案》出台背后的决策故事，展现改革的攻坚克难；通过访谈因为"最严环保法"被罚款9000多万元的企业，反映深化改革与法治建设给我国生态文明建设带来的新变化；通过对甘肃祁连山自然保护区污染事件的追踪，反映习近平总书记对干部在生态环境保护上阳奉阴违做法的"零容忍"；通过福建长汀生态治理、三江源国家公园试点、中央第三批环保督察等一个个鲜活的故事，反映生态文明体制改革的最新进展和成效；通过揭秘在《巴黎协定》艰难谈判过程中的中国努力，反映中国的大国担当	47分57秒

续表6-1

选集序号	名称	主要内容	时长
第七集	《强军之路（上）》	《强军之路》坚持以习近平总书记重要讲话精神特别是国防和军队建设重要论述为统揽，以习近平亲自领导决策推动深化国防和军队改革的伟大实践为主线，系统阐释习近平改革强军战略思想，深入解读我军这一轮整体性、革命性变革的时代背景、战略考量和重大举措，生动展示我军改革重塑的全景画卷、巨大成就和崭新风貌。本集分为两大部分：一是反映"为什么改"，深刻阐述习近平领导推动改革强军的政治意蕴和战略考量，讲清改革的"时与势"；二是反映"怎么改"，采取讲故事的手法，叙议结合，生动展现习近平亲自领导和运筹设计改革，再现这轮改革科学周密的研究论证过程，从总体上介绍改革的指导思想、目标任务和基本原则。本集还初步总结了军队改革组织实施的经验做法，体现这轮改革的缜密筹划、谋定启动，在无声中实现巨变，在行进间完成转身等特点	47分40秒
第八集	《强军之路（下）》	敢于梦想是希望的沃土，勇于变革是制胜的先机，深度设计战略运筹，统率三军踏上伟大征程。习近平："我命令：各战区要牢记使命，坚决贯彻党在新形势下的强军目标。"道道军令指挥攻坚大战，百万将士听党指挥决胜疆场！转型重塑三军焕然一新，放眼世界谋发展和平。与强国梦共铸民族伟业，和强军梦铁心同行，改革未有穷期，强军正在路上	49分59秒
第九集	《党的自我革新》	站在新的历史起点上，中国共产党不忘初心、继续前进，以上率下，全党共同行动，狠抓中央八项规定落实，坚决纠正"四风"！巡视利剑出鞘，派驻全覆盖，凡提必核，整饬三地贿选！一锤接着一锤敲，一扣接着一扣拧！党的思想建设、组织建设、作风建设、反腐倡廉建设和制度建设，一体推进，整体提升。本集反映党的十八大以来，以习近平同志为核心的党中央，全面从严治党，特别是推进党的建设制度改革和党的纪律检查体制改革的伟大进程。本集有首次公布的落马腐败分子的画面，有对党的自我革新决心与能力的深刻剖析，也有对基层党员干部的生动访谈	48分02秒
第十集	《人民的获得感》	一场关乎14亿人全面发展、走向共同富裕的改革拉开大幕。坚持以人民为中心的发展思想，全面深化改革，着力保障和改善民生，让人民能够更好地生存，更好地发展。党的十八大以来，在以习近平同志为核心的党中央领导下，架起了民生领域改革的"四梁八柱"，逐步支撑起中国人民的美好生活	48分32秒

2. 实践步骤

（1）根据实践活动要求，从大型政论专题片《将改革进行到底》中选取一集自己喜欢的并认真进行观看。

（2）在观中不断拓宽自己的视野，从国内和国际角度出发，透过历史、当代和未来的时空坐标，结合理论知识进一步深入理解全面深化改革这一重大战略部署的决策过程和习近平总书记改革理念的形成轨迹，系统了解全面深化改革"为什么改""往哪儿改""为谁改""怎么改""如何改到位"等重大理论问题。

（3）结合自己的所思所想所悟形成观后感，鼓舞自己结合专业所学，坚持改革正确方向，保持改革定力和韧劲，解放思想、勇于实践，把全面深化改革事业不断向前推进。

（4）完成表6-2。

3. 实践表格

表6-2 "视听赏析——《将改革进行到底》专题观影"报告单

姓名		年级专业	
观影名称			
选取原因			
选集内容			
观影所感			
个人评价			
教师点评			

4.实践评价

实践评价内容、标准及分值见表6-3。

表6-3 "视听赏析——《将改革进行到底》专题观影"实践评价表

序号	评价内容		评价标准	评价分值/分
1	选集确定		结合自己的知识储备和兴趣爱好，选择大型政论专题片中的具体一集	10
2	观后有感	所思	全面深化改革"为什么改""往哪儿改""为谁改""怎么改""如何改到位"等重大理论问题	30
		所想	全面改革开放在现实生活中的生动实践和具体成效，有具体的举例说明	20
		所悟	结合理论谈自己的所思、所想和所悟，将对理论知识的理解落实到具体实践中	30
3	个人评价		观点表达清晰，条理清楚，重点突出，有自己的见解，行文流畅	10
	总计			100

(二)人物访谈——从长辈眼中看改革开放

1.实践任务——人物访谈

老一辈人是改革开放的亲历者，他们见证了改革开放四十多年的成果。本次实践围绕课堂上所学的关于我国改革开放的理论，以探访、专访或者座谈等方式，设计一次针对父母或身边熟悉的长辈的访谈活动，向他们了解改革开放以来人们生活发生的变化，认真倾听长辈们在改革开放过程中的心路历程和人生感悟，了解改革开放给国家和每个家庭带来的变化。

2.实践步骤

(1)围绕实践任务确定小组成员及各成员分工，填写表6-4。
(2)小组从父母或身边熟悉的长辈中商定至少一位作为人物访谈对象，填写表6-5。
(3)将实践过程和实践感悟等内容进行完整的记录，并填写表6-6。
(4)各小组根据实践任务完成情况进行小组自我评价。

3. 实践表格

表 6-4　"人物访谈——从长辈眼中看改革开放"分组情况一览表

序号	姓名	专业	组内分工	备注
1				组长
2				
3				
4				
5				
6				
7				
8				

表 6-5　"人物访谈——从长辈眼中看改革开放"访谈对象基本信息一览表

姓名		性别		年龄	
民族		政治面貌		职业	
工作单位			联系电话		
主要工作生活经历					

注：访谈对象为多个人时可逐一填写。

表6-6 "人物访谈——从长辈眼中看改革开放"报告单

报送人	
访谈时间	
访谈地点	
访谈主题	
访谈人物及背景	
访谈提纲	
访谈专稿	

4.实践评价

实践评价内容、标准及分值见表6-7。

表6-7 "人物访谈——从长辈眼中看改革开放"实践评价表

序号	评价内容	评价标准	评价分值/分
1	访谈前准备（实践方案）	做好访谈前的准备工作：①确定访谈意向；②选准访谈对象；③列好访谈的提纲；④约定访谈时间；⑤做好访谈前的准备工作	30
2	访谈过程	在和谐的访谈氛围中获取有效信息，对需要的素材进行整理，认真做好笔记	20
3	访谈稿件	在熟悉访谈素材的基础上，围绕访谈主题完成一篇高质量的访谈稿件	40
4	小组评价	分工明确，团结协作，达到访谈目的	10
	总计		100

（三）艺术创意——新时代改革创新成果文艺展示

1. 实践任务——艺术创意

改革创新使我们的社会生活发生了翻天覆地的变化，丰富多彩的社会景象和色彩斑斓的人民生活给文艺创作提供了取之不尽的创作源泉。作为成长中的新时代文化艺术工作者的我们，以"改革创新的时代荣光"为主题，立足新时代伟大变革取得的成绩，结合自己学习的专业进行艺术创作和展演，题材形式、内容、时长不限，可以是文学、音乐、舞蹈、绘画、摄影等艺术形式中的任何一种。完成人数不限定，可以个人独立完成，也可以小组合作的形式完成。

2. 实践步骤

（1）围绕实践任务选择艺术创作和展演的形式。
（2）根据选择的形式确定小组成员及各成员分工，填写表6-8。
（3）就艺术创作和展演的内容、形式展开热烈而充分的讨论，发挥集体的智慧。
（4）进行艺术创作和展演作品的排演，邀请专业行业企业教师进行指导。
（5）艺术创作和展演作品的公开展示。
（6）完成表6-9。

3. 实践表格

表6-8　"艺术创意——新时代改革创新成果文艺展示"分组情况一览表

序号	姓名	专业	组内分工	备注
1				组长
2				
3				
4				
5				
6				
7				
8				

表 6-9 "艺术创意——新时代改革创新成果文艺展示"报告单

创作展演名称	
创作展演人员	
创作展演形式	
创作展演时长	
创作展演地点	
创作展演图片、视频	
创作展演 内容简介	

4. 实践评价

实践评价内容、标准及分值见表 6-10。

表 6-10　"艺术创意——新时代改革创新成果文艺展示"实践评价表

序号	评价内容	评价标准	评价分值/分
1	题材	传统题材和现实题材有创新： (1)选择传统题材有转化、有现实意义； (2)现实题材不光有现实的人和事，更有现实问题，有典型性、针对性、深刻性	40
2	形式	形式上具有一定的创新性： 在继承和融合方面具有创新性，提倡不同艺术门类的跨界融合，艺术与新技术、新材料的融合	30
3	平台	艺术创作和展演平台的创新： 注重互联网、新媒体，实现艺术创作的变革和艺术作品的广泛传播	20
4	小组评价	小组集体荣誉感强，分工明确，注重团队协作	10
	总分		100

(四) 观点致胜——我眼中的"一带一路"主题演讲

1. 实践任务——"一带一路"主题演讲

"一带一路"旨在以古代丝绸之路的历史符号，高举和平发展的旗帜，积极发展与合作伙伴的经济合作伙伴关系，共同打造政治互信、经济融合、文化包容的利益共同体、命运共同体和责任共同体。截至 2023 年，"一带一路"合作从亚欧大陆延伸到非洲和拉美，150 多个国家、30 多个国际组织签署共建"一带一路"合作文件，举办了 3 届"一带一路"国际合作高峰论坛，成立了 20 多个专业领域多边合作平台。

以"我眼中的'一带一路'"为主题进行一次演讲，积极推动共建"一带一路"和构建人类命运共同体发出新的呼唤。把"一带一路"的宏伟蓝图与个人成长紧密结合起来，用饱含深情的语言表达青年大学生主动融入国家战略建功立业的壮志豪情。

2. 实践步骤

(1)通过"中国一带一路网"(https：//www. yidaiyilu. gov. cn/)了解"一带一路"的相关知识及发展动态。

(2)确定小组成员及各成员分工，填写表 6-11。

(3)围绕实践任务"我眼中的'一带一路'"选定演讲主题，确定演讲题目。根据演讲听众确定演讲方式，拟定演讲提纲并形成演讲文稿。文稿体现青年大学生紧跟时代发展步伐，自觉肩负传承丝路精神之责，以自己的专长优势投身"一带一路"建设，展示积极向上的精神风貌和志向抱负。

(4)完成表 6-12。

3.实践表格

表 6-11 "观点致胜——我眼中的'一带一路'主题演讲"分组情况一览表

序号	姓名	专业	组内分工	备注
1				组长
2				
3				
4				
5				
6				
7				
8				

表 6-12 "观点致胜——我眼中的'一带一路'主题演讲"报告单

演讲主题	
演讲题目	
演讲者	
演讲听众	
演讲方式	
演讲提纲	
演讲文稿	

4. 实践评价

实践评价内容、标准及分值见表6-13。

表6-13　"观点致胜——我眼中的'一带一路'主题演讲"实践评价表

序号	评价内容		评价标准	评价分值/分
1	演讲内容	主题	主题明确、深刻,观点正确、鲜明,见解独到	15
		材料	材料真实、典型、新颖,反映客观事实,具有普遍意义	15
		结构	结构完整合理、层次分明,论点、论据具有逻辑性;构思巧妙,引人入胜	10
2	语言表达	语言表达	语言规范,口齿清楚,发音标准,语调自然	20
		感染力	语速恰当、声音洪亮,节奏张弛符合思想感情的起伏变化,具有感染力	20
		流利程度	脱稿演讲,口语自然流畅不卡顿	10
		态势语	自然得体、端庄大方,有合适的肢体语言	10
	总计			100

四、知识拓展

坚持以思想解放推进改革开放

习近平总书记指出:"价值先进、思想解放,是一个社会活力的来源""改革开放的过程就是思想解放的过程"。党的二十大报告阐述了前进道路上必须牢牢把握的重大原则,坚持深化改革开放是其中之一。站在新的历史起点上,坚持深化改革开放、推进中国式现代化是一项前无古人的开创性事业。我们必须进一步解放思想,不断开创改革开放新局面,以深化改革开放激发发展新活力,加快推进强国建设、民族复兴伟业。

改革开放是决定当代中国命运、实现中华民族伟大复兴的关键一招。以中国式现代化全面推进中华民族伟大复兴,要求我们进一步冲破思想观念的束缚、突破利益固化的藩篱,破除各方面体制机制弊端,不断深化改革开放。思想不解放,就难以看清各种利益固化的症结所在,就难以找准深化改革开放的突破方向和着力点,就难以迈开前进的步子。党的十八大以来,习近平总书记围绕解放思想作出一系列重要论述,强调"我们必须解放思想、实事求是、与时俱进,坚定不移推进理论创新、实践创新、制度创新以及其他各方面创新,让党和国家事业始终充满创造活力、不断打开创新局面""要弘扬改革创新精神,推动思想再解放改革再深入工作再抓实,凝聚起全面深化改革的强大力量,在新起点上实现新突破"。习近平总书记的重要论述,为我们坚持以思想解放推进改革开放指明了前进方向、提供了根本遵循,推动党员干部进一步焕发历史主动精神、历史创造精神,不断解放思想、锐意进取、大胆探索、勇于创新。

思想是行动的先导,思想理念的变革是经济社会发展的先导性力量。坚持以思想解放推进改革开放,必须掌握科学理论,提升思维能力。当前,世界百年未有之大变局加速演进,我国发展进入战略机遇和风险挑战并存、不确定难预料因素增多的时期。面对前进道路上各种可以预见和难以预见的狂风暴雨、惊涛骇浪,随时可能发生的"黑天鹅""灰犀牛"事件,如果眼界不宽、知识不够、思想僵化,"身体进入新时代、思想停在过去时",在风险挑战面前就可能进退失据,丧失应变识变求变、战胜艰难险阻的主动性。党员干部必须学深悟透习近平新时代中国特色社会主义思想,坚持好、运用好贯穿其中的立场观点方法,积极运用党的创新理论研究新情况、解决新问题、总结新经验、探索新规律,不为陈旧观念所缚,不为思维定势所困,当解放思想的先行者;立足实践发展、适应时代变化,勤于思考、善于创新、勇于求变,把"敢"和"干"的劲头调动起来,把"闯"和"创"的精神激发出来,提出防范化解各种风险挑战的新思路新办法新举措,在坚持改革开放中创造新的发展机遇。

解放思想是我们适应新形势、认识新事物、完成新任务的思想武器。实践发展永无止境,解放思想永无止境,改革开放也永无止境。新征程上,我们要不断解放思想,深入推进改革创新,坚定不移扩大开放,着力破除深层次体制机制障碍,充分调动各方面推进改革开放的积极性、主动性、创造性,把激发创新活力同凝聚奋进力量结合起来,让解放思想和改革开放相互激荡、观念创新和实践探索相互促进,不断增强社会主义现代化建设的动力和活力,将我国制度优势更好转化为国家治理效能,努力创造无愧于党、无愧于人民、无愧于时代的业绩。

(资料来源:人民日报 2023 年 10 月 19 日 http://paper. people. com. cn/rmrb/html/2023-10/19/nw. D110000renmrb_20231019_2-13. htm,作者系秦强。)

以人民为中心　助高质量发展

一、平语近人

　　我国经济正处在转变发展方式、优化经济结构、转换增长动力的攻关期。这是一个必须跨越的关口。构建推动经济高质量发展的体制机制是一个系统工程，要通盘考虑、着眼长远，突出重点、抓住关键。要全面推进体制机制创新，提高资源配置效率效能，推动资源向优质企业和产品集中，推动创新要素自由流动和聚集，使创新成为高质量发展的强大动能，以优质的制度供给、服务供给、要素供给和完备的市场体系，增强发展环境的吸引力和竞争力，提高绿色发展水平。

　　　　　　　　　　——习近平在参加十三届全国人大一次会议广东代表团审议时的讲话

二、实践目标

　　(1)青年学子以创新、协调、绿色、开放、共享的内在统一来把握和认同新发展理念。

　　(2)了解在高质量发展理念指导下，事业产业在结构调整、优化资源配置和提升产业技术含量等方面如何提高生产效率和质量，提升经济增长质量来提高综合国力和改善民生福祉。

　　(3)青年学子勇担新时代高质量发展之责，积极主动作为，坚持绿色、低碳、环保的发展模式，以自己的专业所学助推可持续发展，在经济增长的基础上实现资源和环境的可持续利用。

三、实践项目

（一）身临其境——从湖南湘江新区看高质量发展

1. 实践任务——参观湖南湘江新区

湖南湘江新区是 2015 年 4 月经国务院批复设立的全国第 12 个、中部地区首个国家级新区，规划面积 1200 平方公里，涵盖岳麓区全境、望城区和宁乡市部分街镇；拥有 5 个国家级园区、2 个省级园区，常住人口 252 万。2022 年，湖南湘江新区交出了地区生产总值跨越 4000 亿元大关、经济总量稳居国家级新区第六位的"高分答卷"，以全省 5‰ 的土地面积创造了 8% 的地区生产总值，成为湖南高质量发展的新样板、中部崛起的新增长极。

这份亮眼的"成绩单"，是湖南省经济社会高质量发展的生动写照，也为湖南省全面落实"三高四新"战略定位和使命任务、全力推动"强省会"战略注入了强大力量。赶快前往湘江新区进行实地参观，看它是如何以产业发展为主线，以项目建设为核心，以科技创新为第一动力，围绕改革开放、环境优化、产城融合、社会民生等精准发力，朝着加速挺进国家级新区第一方阵踔厉奋发，着力探索一条具有湘江新区特色的高质量发展之路的。

2. 实践步骤

（1）根据实践任务进行分组，选出小组组长，填写表 7-1。

（2）小组根据湘江新区的地区分布制定"身临其境"路线，安全有序前往实地参观，收集相关数据。

（3）小组就实地参观展开研讨，发表各自对"身临其境"的感想体悟，填写表 7-2。

（4）完善报告：根据老师的指导意见对调查报告进行修改和完善，并制作配套 PPT，准备展示。

3. 实践表格

表 7-1 "身临其境——从湖南湘江新区看高质量发展"分组情况一览表

序号	姓名	专业	组内分工	备注
1				组长
2				
3				
4				
5				

表 7-2　"身临其境——从湖南湘江新区看高质量发展"报告单

实践主题		
小组成员		
参观重点	(请列举此次小组打卡湖南湘江新区的重点内容)	
背景介绍	(对本次参观走访的重点对象做具体的资料调研分析报告,要求字数控制在1000字以内)	
参观过程	参观时间	
	参观照片	
	参观心得	
活动总结	(小组实践活动整体小结,字数在500字以上)	

注:

(1)参观照片不少于5张,其中需要包括1张小组成员集体打卡合照,每张照片都需要分别备注清楚人物和具体背景地点。

(2)参观心得:小组每位成员结合参观走访的实际情况,可重点从湖南湘江新区的某一个方面、某一个人物、某一处古迹或某一项陈列等印象最为深刻的地方,谈谈自己的所想所得。要做到情真意切,确有所获。每位成员的参观心得字数不超过300字,格式如下。

成员1(姓名):

成员2(姓名):

成员3(姓名):

成员4(姓名):

成员5(姓名):

4. 实践评价

实践评价内容、标准及分值见表7-3。

表7-3 "身临其境——从湖南湘江新区看高质量发展"实践评价表

序号	评价内容	评价标准	评价分值/分
1	前期准备	小组分工与责任明确，小组研讨真实有效	10
		前期资料调研分析报告条理清晰，内容翔实	20
2	走访报告	报告整体结构严谨，逻辑性强，叙述清晰，字数符合要求	10
		走访过程有真实、细致的图文佐证，图片标注信息准确翔实	20
		小组每一位成员的走访心得都有体现，且确有所获，有感而发，不空洞，文字流畅	20
		活动总结内容完整简练，有的放矢，客观且全面	20
	总计		100

（二）视听赏析——观影《云顶对话》

1. 实践任务——节目观后感

《云顶对话》是由央视网打造的一档原创场景式纪实访谈节目，由一位"云顶观察员"与"行业思想领袖"深度对话，观照新时代背景，挖掘经济社会中代表人物的高见卓识，传递有理念、有价值观和有深度的"云"端思想。通过选取节目中的任意一集进行观看的实践方式，探究嘉宾行为背后的心路历程，解密重要节点、重要抉择、重大场景下的真实思考，跟随节目以中央媒体的国家高度，以纪实人文的视角，记录思考的丰度，启迪各行各业高质量发展之路。

2. 实践步骤

（1）围绕实践任务进行分组和确定小组成员分工，填写表7-4。

（2）小组选取《云顶对话》中的一集进行集中观看。

（3）以小组为单位进行交流讨论，整理交流要点，填写表7-5。

3. 实践表格

表 7-4　"视听赏析——观影《云顶对话》"分组情况一览表

序号	姓名	专业	组内分工	备注
1				组长
2				
3				
4				
5				
6				
7				
8				

表 7-5　"视听赏析——观影《云顶对话》"报告单

观看选集	
观看时间	
观看地点	
对话嘉宾	
对话主要内容	
讨论交流要点	
观后体会	

4.实践评价

实践评价内容、标准及分值见表7-6。

表7-6 "视听赏析——观影《云顶对话》"实践评价表

序号	评价内容		评价标准	评价分值/分
1	选集确定		结合小组成员的兴趣爱好,选择节目中的具体一集	10
2	观后有感	所思	节目是如何选取具有典型时代特质、新格局下不断 锐意进取的科学家、商界代表、文化名人、经济学家等具有前沿思想的代表人物,选取城市地标建筑作为实景演播室,结合特定场景进行跟随式拍摄的	10
		所想	嘉宾们传奇故事背后的心路历程	20
		所悟	对话给各行各业高质量发展之路带来哪些感悟和启迪	20
3	观后报告		逻辑思路清晰,语句通顺,能较好地表达出小组的讨论心得	20
4	小组展示		观点表达清晰,条理清楚,重点突出,有自己的见解	20
	总计			100

(三)社会调查——文化产业调研

1.实践任务——产业发展调研

推动文化产业高质量发展,健全现代文化产业体系和市场体系,推动各类文化市场主体发展壮大,培育新型文化业态和文化消费模式,以高质量文化供给增强人们的文化获得感、幸福感是文化强国的应有之义。通过社会调研,了解文化产业是如何探索实现高质量发展的,是如何把扩大内需与深化供给侧结构性改革结合起来,不断完善产业规划和政策,强化创新驱动,实施数字化战略,推进产业基础高级化、产业链现代化,促进文化产业持续健康发展的。

2.实践步骤

(1)围绕实践任务确定小组成员及各成员分工,填写表7-7。

(2)小组从数字化布局、推动科技赋能文化产业、建设高标准文化市场体系、健全现代文化产业体系等方面综合考虑确定一个特色项目,填写表7-8。

(3)小组按照选定的项目进行实地调研,做好调研中收集的各项数据的记录整理。

(4)小组对调研数据进行分析讨论,交流各自的感悟体会,填写表7-9。

3. 实践表格

表 7-7　"社会调查——文化产业调研"分组情况一览表

序号	姓名	专业	组内分工	备注
1				组长
2				
3				
4				
5				
6				
7				
8				

表 7-8　"社会调查——文化产业调研"基本信息一览表

调查项目		调查地点	
调查项目代表 (公司或代表人)		联系方式	
项目特色			

表 7-9 "社会调查——文化产业调研"报告单

调查项目名称		
调查内容	调查时间	
	调查地点	
	调查对象	
	调查人员	
	调查分工	
选择项目原因		
项目发展现状		
项目未来发展		
调查感悟		

4. 实践评价

实践评价内容、标准及分值见表7-10。

表 7-10　"社会调查——文化产业调研"实践评价表

序号	评价内容		评价标准	评价分值/分
1	调查方案		方案制定内容详细、具体,各项工作具体到个人。调查主题选择符合文化产业发展时代背景,具有可行性	20
2	调查实施	调查准备	准备充分,认真做好调查项目的资料搜集、人员对接、路线确定,确保路线安全合理	20
		实地调查	(1)对文化产业高质量发展有进一步的认识; (2)深入感受文化产业高质量发展取得的成绩; (3)了解推动文化产业高质量发展的路径方法; (4)安全完成实地调查	30
3	调查报告		完成有质量的调查报告,形成自己的独立思考	30
	总计			100

(四)观点致胜——我为高质量发展倡议

1. 实践任务——倡议书

把握新发展阶段、贯彻新发展理念、构建新发展格局、推动高质量发展,是当前和今后一个时期全党全国必须抓紧抓好的工作。以"我为高质量发展倡议"为主题,以撰写倡议书的实践形式激励学生参与到国家和社会发展中来,从个人角度出发,思考如何贡献自己的力量,为推动高质量发展做出积极的贡献。

2. 实践步骤

(1)围绕实践任务进行分组和确定小组成员分工,填写表7-11。
(2)小组成员围绕实践任务主题进行广泛讨论,确定方向。
(3)小组成员根据讨论方向思考倡议原因,确定倡议对象,商定倡议内容,填写表7-12。

3. 实践表格

表 7-11 "观点致胜——我为高质量发展倡议"分组情况一览表

序号	姓名	专业	组内分工	备注
1				组长
2				
3				
4				
5				
6				
7				
8				

表 7-12 "观点致胜——我为高质量发展倡议"报告单

倡议者	
倡议原因	
倡议对象	
倡议内容	

4. 实践评价

实践评价内容、标准及分值见表7-13。

表7-13　"观点致胜——我为高质量发展倡议"实践评价表

序号	评价内容	评价标准	评价分值/分
1	观点是否清晰	考察提出问题的熟练程度和对问题的深度理解,是否能很好地完成分析、总结和表达创新见解	20
2	总结归纳问题的能力	结构清晰、布局合理、内容衔接逻辑连贯,有创新思维	30
3	建议或倡议的呈现与组织	是否能够使用组织架构、文章格式和有效的支持信息设计呈现优质方案	30
4	可行性	提出的倡议或建议是否满足预期目标,如策略计划是否符合预算、是否能按照时间表有效地推行计划和预测成果是否实现等	20
	总计		100

四、知识拓展

以数字经济高质量发展促进共同富裕

国家发展改革委、国家数据局近日印发《数字经济促进共同富裕实施方案》,提出通过数字化手段促进解决发展不平衡不充分问题,推进全体人民共享数字时代发展红利,为新时代新征程以数字经济高质量发展推进共同富裕提供了指引。数字经济有利于推动优质资源共享、推进基本公共服务均等化,是推动实现共同富裕的重要力量。

寻求效率与公平之间的最佳动态均衡点

共同富裕的内涵包括"富裕"和"共同","富裕"强调发展和效率,"共同"强调共享和公平,两者的出发点和归宿都是人的自由全面发展。近年来,在大数据、云计算、人工智能等新技术快速发展的基础上,数字经济以其对生产生活要素的高效配置能力,形成了支撑新质生产力蓬勃发展的数据生产力,成为世界经济发展的新引擎。与此同时,数字经济也为协同推进发展效率和共享公平带来新契机。以数字经济高质量发展促进共同富裕,必须寻求效率与公平之间的最佳动态均衡点,促使数字经济的发展能够始终沿着推进共同富裕的方向发展。这不仅要求加速数字技术与实体经济的深度融合,做强做优做大数字经济,在推动经济社会发展的同时进一步做大"蛋糕",而且要求通过全面深化数字化赋能、加快推动数字化转型、加强数字治理,不断缩小区域、城乡、群体之间基本公共服务等方面的差距,既保障分配的机会公平,又关注分配的结果正义,协同推进"公平共享",推进全体人民的共同富裕。

以全面数字化赋能做大"蛋糕"

通过深化数据资源开发做大"蛋糕"。成熟的数据资源与要素市场能够对资源配置产生倍增效应。通过数据要素市场化改革,构建更加完善的体制机制,打造高效开放的数据要素市场,有效衔接国际市场规则、规制、管理、标准等,可以推动商品和服务资源在更大范围内畅通流动,实现数据要素价格市场决定、流动自主有序、配置高效公平,不断形成新的经济增长点,促进经济实现质的有效提升和量的合理增长。

以数字技术赋能做大"蛋糕"。推进数字经济发展和提升效率,应着力提高全要素生产率,加快形成新质生产力。数字技术所链接的千行万业是提高全要素生产率的市场基础,突破口则是数字技术所赋能、激活的新经济。应以平台经济、共享经济等新经济形态的健康持续发展来促进市场效率的不断增进,运用数字技术不断提升要素的配置效率,加快数字化转型。

以数字人才培育做大"蛋糕"。在数字经济时代,对数据的应用和驾驭能力是数字化转型的关键,相关产业链各环节都需有数据管理与运营机制的良好支撑,以解决数据存储、流通、应用等一系列问题。数字技术和数据治理成为促进产业发展的重要内容,是交叉、复合型人才集中的领域。应通过高校与企业、政府的紧密对接,加大数字人才深度融合培养,将人才培育供给与市场需求有机结合。

以加快推动数字化转型助力分好"蛋糕"

数字化转型有利于推动完善就业与收入分配格局。机会公平既包括平等参与市场竞争,也包括共同分享数字经济发展成果、公平获得社会福利和保障,是改善收入分配格局的重要内容。加快推动数字化转型,有助于促进机会公平,为更广泛的社会成员提供就业创业、社会福利保障的机会。加快推动数字化转型有助于初次分配公平,通过降低就业门槛、畅通就业信息,消除或减缓不合理的就业限制、分配不平衡等问题,使不同市场主体能够通过数字技术渗透和平台信息共享平等获取生产要素、参与要素定价,实现要素自由流动和高效配置。

加快推动数字化转型有助于推动资源共享与完善公共服务。一方面,依托人工智能、大数据、5G等技术,可以将数据要素融入生产、分配、交换、消费的方方面面,贯穿产业链、供应链、价值链各条通路,实现数据要素的高效配置,有助于促进生产生活资源的共享,提升人民群众的获得感、幸福感、安全感。另一方面,加快推动数字化转型能够通过加强数字基础设施建设,推动数字化赋能公共服务普惠共享,弥合数字鸿沟,促进区域、城乡在基本公共服务等方面的平衡发展。

加快推动数字化转型有助于通过数字治理推动完善公平竞争的市场体系。数字经济的扩张伴随着营商环境的重构,围绕数据应用形成的竞争空间在层次、深度、密度等方面都愈加复杂。加快推动数字化转型,有助于打通数据壁垒、实现数据互联共享、数智监管,为此,应进一步完善数字经济领域适用法律的操作性及公平竞争执法协同机制,增强数字经济领域各经济主体的发展合力。

(资料来源:《光明日报》2024 年 01 月 23 日 https://tech.gmw.cn/2024-01/23/content_37104614.htm,作者系暨南大学经济学院教授、广东省习近平新时代中国特色社会主义思想研究中心特约研究员王春超)

模块八

赓续千年文脉　铸就文化繁荣

一、平语近人

全面建设社会主义现代化国家，必须坚持中国特色社会主义文化发展道路，增强文化自信，围绕举旗帜、聚民心、育新人、兴文化、展形象建设社会主义文化强国，发展面向现代化、面向世界、面向未来的，民族的科学的大众的社会主义文化，激发全民族文化创新创造活力，增强实现中华民族伟大复兴的精神力量。

——2022 年 10 月 16 日，习近平在中国共产党第二十次全国代表大会上的报告

二、实践目标

（1）挖掘和提炼有益的思想价值，形成对中华优秀传统文化、先进文化和中国特色社会主义先进文化的理解力。

（2）自觉承担文化传承和传播之责，具备讲好中国故事，传播好中国文化的表达力。

（3）掌握以高度的文化自信铸就社会主义文化新辉煌路径和方法的研究能力，在推动中华优秀传统文化创造性转化、创新性发展中发挥主体能动性。

三、实践项目

（一）身临其境——参观湖南博物院/湖南党史陈列馆/长沙规划展示馆

1. 实践任务——实地研学

湖南博物院是湖南省最大的历史艺术类博物馆，是一座主要反映湖南区域文明的大型历史艺术博物馆。湖南博物院现有院藏文物 57 万余件(套)，尤以马王堆汉墓出土文物、商周青铜器、楚文物、历代陶瓷、书画和近现代文物等最具特色。

湖南党史陈列馆以"敢教日月换新天——中国共产党湖南历史陈列"为展标，展厅面积约 8000 平方米，展线长 1.6 公里，以中共湖南历史发展脉络为主线，展陈了 560 多个湖南党史事件和 480 多位党史人物，全面展示中国共产党领导湖南人民革命、建设、改革所取得的辉煌成就和宝贵经验，是一部"走着读"的湖南地方党史，被誉为"湖南共产党员的精神家园"。

长沙规划展示馆位于新河三角洲滨江文化园内，总建筑面积 9255 平方米，布展面积 7800 平方米，是集规划展示、科普教育、公众参与等多功能于一体的专业展馆。展馆以"我的长沙我的家"为主题，依次展现"星城印象·走进大长沙""历史长河·探寻老长沙""规划长廊·畅想新长沙""个性·幻城 2050"四大板块。

请同学们致力于优秀文化的传播，选择其中一个展馆进行实地参观研讨。

2. 实践步骤

(1)学生分组：以不超过 5 人为一组，每班分为若干实践参观小组，选出组长整体负责活动的开展，填写表 8-1。

(2)各小组成员先通过官方网站查询各馆近期展览安排，确定参观主题，围绕主题查阅相关文献资料，进行行前积累，为后期小组研讨活动的深入开展做好准备。

(3)实地参观：小组成员在网上提前实名制预约，以组为单位前往完成参观任务，并以书面报告和照片形式总结个人的参观心得感悟。

(4)小组研讨：根据小组成员提交的书面报告与照片，组长组织小组成员开展交流讨论，并以文字的形式记录讨论交流的相关内容。

(5)将参观心得和小组研讨内容整理为报告进行提交，同时接受老师的指导，填写表 8-2。

(6)根据老师的指导意见对报告进行修改和完善，并制作配套 PPT，准备展示。

3.实践表格

表 8-1 "身临其境——参观_____"分组情况一览表

序号	姓名	专业	组内分工	备注
1				组长
2				
3				
4				
5				

表 8-2 "身临其境——参观_____"报告单

报告主题		
所属章节		
小组成员		
前期准备 (相关文献 搜索成果)		
参观过程	参观时间	
	参观地点、展厅	
	参观内容	
参观心得	(800 字以上)	

续表8-2

参观体验 照片	
小组研讨 结论	

注：参观体验照片请至少粘贴3张活动照片，附上简单文字说明。

4.实践评价

实践评价内容、标准及分值见表8-3。

表 8-3 "身临其境——参观_____"实践评价表

序号	评价内容	评价标准	评价分值/分
1	实地参观研学前准备（实践方案）	研学意向清晰；研学提纲明确；研学用品准备充分	10
2	研学过程	小组分工与责任明确，研讨真实有效，有讨论记录和照片	10
3	研学报告	报告结构严谨，逻辑性强；语言流畅，叙述清晰；内容介绍完整简练，心得体会有深度有厚度有温度	40
4	展示分享	PPT 制作精美，与文字报告相映衬；着装得体，仪态大方，表达流畅，声音洪亮富有感染力；能展现团队协同合作	40
	总计		100

（二）视听赏析——新时代文化类综艺节目观影

1. 实践任务——文化类综艺节目观影

2012 年以来，文化类综艺节目领域不断呈现新态势，文艺工作者以传承发扬中华优秀传统文化为己任，在文化类节目领域精耕细作，不断探索节目创新的发展路径，力图将最好的精神食粮奉献给人民，实现文化类综艺节目知识性、艺术性及娱乐性的统一。《中国诗词大会》《国家宝藏》《故事里的中国》《典籍里的中国》《中国礼·中国乐》《长城长》等一批聚焦中华优秀传统文化的电视综艺节目锐意改革、持续发力，赢得了观众广泛好评。这些文化作品，既是对我国古代文明理论和中华文明探源工程研究成果的宣传、推广与转化，又将艺术创作对中华文明历史的传播引向深入，越来越多的文物和文化遗产立体地"活"起来了。请选取其中的一档节目进行观看，并思考：文化类综艺节目如何不断踵事增华、踔厉奋发？

2. 实践步骤

（1）以个人或小组形式完成实践。若以小组形式，根据实践任务确定分组，选出组长，明确组内分工，填写表 8-4。

（2）选取一档文化类综艺节目进行集体观影。重点围绕以下问题思考：

①节目是如何对优秀传统文化进行宣传、推广与转化的？

②节目是如何实现以"润物细无声"的方式将中华优秀传统文化传递给观众的？

③现代艺术是如何赋能让传统文化焕发时代生命力的？

（3）留存过程性照片和视频，填写表 8-5。

3. 实践表格

表 8-4　"视听赏析——新时代文化类综艺节目观影"分组情况一览表

序号	姓名	专业	组内分工	备注
1				组长
2				
3				
4				
5				

表 8-5　"视听赏析——新时代文化类综艺节目观影"报告单

观影节目名称	
观影节目选集	
观影选集内容	
观影时间	
观影地点	
小组观影后研讨过程记录（个人形式可不填）	（在此记录大家的精彩观点和评论）
观影体会	

4.实践评价

实践评价内容、标准及分值见表8-6。

表8-6 "视听赏析——新时代文化类综艺节目观影"实践评价表

序号	评价内容	评价标准	评价分值/分
1	主题理解	深度：学生是否深入挖掘节目的主题，理解其深层的含义和情感表达 准确性：学生对节目主题的把握是否准确，是否能够捕捉到节目的核心情感和思想	15
2	情节分析	细节洞察：学生是否关注节目中的细节，并能从中解读出重要的信息	15
3	艺术价值	导演技巧评价：学生对导演的技巧运用，如镜头语言、剪辑手法等，是否有独到的见解 音乐与画面感受：学生对节目的音乐和画面是否有深刻的感受和理解	15
4	思考启示	启示的价值：学生从节目中获得的思考和启示是否具有实际的价值和意义 与现实的联系：学生是否能将节目中的思想观念与现实生活相结合，产生有深度的思考	20
5	情感共鸣	情感深度：学生的观后感中是否表现出深度的情感体验和理解 共鸣程度：学生是否能够与节目中的情感产生共鸣，是否有真实的感受	15
6	语言表达	清晰度：学生的观后感是否清晰、有条理，易于理解 丰富性：学生的语言表达是否多样、生动，有丰富的词汇和表达方式 分析能力：学生是否能够对节目进行深入的分析，指出其优点和不足 独立见解：学生是否能够提出自己独特的见解和观点，而不是盲目跟从大众的观点	20
	总计		100

(三)艺术创意——传承非遗手工之韵

1.实践任务——制作非遗拼贴海报

非物质文化遗产是文化多样性中最富活力的组成部分，是人类文明的结晶和最宝贵的共同财富，承载着人类的智慧、人类历史的文明与辉煌。一个个非遗项目就是一本本内容鲜活的教科书,就是一堂堂地域鲜明的乡土课。习近平总书记在文化传承发展座谈会上的讲话中提到,我们要坚持守正创新,实现传统与现代的有机衔接。唯有创新,方能传承。守护非遗之魂,共绘手工之梦,请同学们以组为单位,选择一项最想守护的国家级非物质文化遗产(中国非物质文化遗产网 https://www.ihchina.cn/),制作一张 A3 拼贴宣传海报,主题自拟。

2.实践步骤

(1)学生分组:自由组成 5 人的制作小组,并选出组长。填写表 8-7。

(2)收集素材:选择一项国家级非物质文化遗产,确定主题和需求,海报内容需体现非遗基本内容和特点;收集所需的素材,包括图片、文字、颜色等,可以从网络、书籍、杂志等各种媒体上寻找素材,也可以自己拍摄或创作。

(3)准备材料:一张 A3 纸(选择厚一点的)、笔、剪刀、刀片、胶水、双面胶等。根据主题和风格选择两种以上不同的材料进行拼贴。

(4)设计草图:在纸上设计草图,规划海报的布局和元素。可以手绘草图,也可以使用软件进行设计。在设计时要考虑如何平衡画面,突出重点,以及如何使用线条、形状和色彩来引导观众的视线。

(5)剪和贴:根据草图,将所需的素材剪下来,然后粘贴在适当的位置上。在剪和贴时要注意细节,确保画面整洁、有层次感。

(6)添加文字:在海报上添加必要的文字信息,包括标题、副标题、标语等。要注意文字的排版和格式,使其与整个画面协调统一。可以使用不同的字体、字号和颜色来区分不同层次的内容。

(7)添加装饰元素:为了丰富画面效果,可以添加装饰元素,如线条、图案、水彩、布料、树叶、装饰品等。这些元素可以使海报更具艺术感和视觉冲击力。

(8)调整和完善:完成初步制作后,对海报进行仔细的检查和调整。确保画面整洁、元素协调、色彩搭配合理。具体操作要根据不同的主题和需求进行调整和完善。重要的是要发挥创意,尝试不同的元素和技巧,制作出独特而吸引人的拼贴海报作品。填好表 8-8。

3.实践表格

表 8-7 "艺术创意——传承非遗手工之韵"分组情况一览表

序号	姓名	专业	组内分工	备注
1				组长
2				
3				
4				
5				

表8-8 "艺术创意——传承非遗手工之韵"报告单

非遗项目名称	
主题概述	
灵感来源/设计理念	
成品展示	
制作反思	

注：成品展示附2~3张图片，包括完整海报和海报细节。

4. 实践评价

实践评价内容、标准及分值见表8-9。

表8-9 "艺术创意——传承非遗手工之韵"实践评价表

序号	评价内容	评价标准	评价分值/分
1	主题明确	海报清晰地传达信息,观众能快速理解海报所要表达的主题	20
2	创意独特	具有独特的创意,是否使用独特的素材、排版、色彩搭配等方式来展现创意	20
3	构图合理	处理好主体与陪体等的相互关系,既很好地反映主题,又能在结构上分清主次	15
4	细节精致	细节处理精致,如线条流畅、色彩搭配合理、文字处理细致	10
5	传达力强	具有很强的传达力,能够吸引观众的注意力,并激发他们的兴趣和情感共鸣	15
6	技术水平高	对素材的处理水平、拼贴的技巧高超	10
7	符合规范	符合一定的规范,如尺寸、材料等方面的要求	10
	总计		100

(四)观点致胜——文化传承发展研究

1. 实践任务——大学生研究性学习

立足大学思想政治理论课教学内容,组织学生开展关于文化传承、发展创新与大学生文化素养、责任担当以及文化产业与文化事业发展等内容的研究性学习活动,在研究中学习,在学习中进步。

2. 实践步骤

(1)自由组队。学生根据专业自由组队,合理搭配成员,组成5人研究性学习小组。小组依据研究性学习成果报告各部分内容对小组成员合理分工,组长组织协调成员活动,充分发挥小组优势,培养成员合作能力,并填写表8-10。

(2)确定研究主题。学生围绕传承传统文化、赓续红色文化、发展现代文化,结合专业开展诸如非遗传承、文化创新等主题的研究性学习活动。

(3)撰写研究性学习成果报告。小组结合主题进行研究性学习,各成员认真完成自己负责的内容,小组全体成员对各部分内容进行精心打磨并撰写最终研究性学习成果报告,填写表8-11。

(4)研究性学习成果展示。由研究性学习小组各成员运用PPT进行口头陈述。第1名学生陈述选择该主题的原因，第 2 名学生陈述该主题目前研究情况，第 3 名学生陈述本组的研究性学习成果，第 4 名学生陈述下一步研究设想，第 5 名学生陈述研究性学习过程中的体会。

3. 实践表格

表 8-10 "观点致胜——文化传承发展研究"分组情况一览表

序号	姓名	专业	组内分工	备注
1				组长
2				
3				
4				
5				

表 8-11 "观点致胜——文化传承发展研究"报告单

成果题目	
指导老师	
报告内容	[主要内容： (1)选择该主题的原因； (2)该主题目前研究情况综述； (3)本组研究性学习成果； (4)该主题下一步研究设想； (5)本组在此次研究性学习过程中的体会收获。 题目居中(宋体加粗小二号) 一、(宋体四号字体加粗，"一"后面是顿号，"一、"点文字后面不要加符号) 空两格(一) (宋体小四号字体加粗，"(一)"后面无符号，"(一)"点文字后面不要加符号) 空两格1.(宋体小四号字体，"1"后面是".") 空两格(1)(宋体小四号字体，"(1)"后面无符号) 一般不设五级标题，正文为宋体小四号，行间距：1.5 倍行间距。字符间距：标准。 如有图标，图标格式居中，文字描述为"1-1""1-2"(一级标题下)，位于图标下方，宋体五号字体居中]

4. 实践评价

实践评价内容、标准及分值见表 8-12。

表 8-12 "观点致胜——文化传承发展研究"实践评价表

序号	评价内容		评价标准	评价分值/分
1	前期基础		小组成员对实践内容理解清楚、概念明确、团队意识强	15
2	研究性学习实施思路	选题意义	选题新颖，具有一定的创新性，注重密切联系专业内容	25
		拟解决的主要问题	拟解决的主要问题明确、清楚	
		研究工作、主要内容及研究方法	研究工作思路清楚，主要内容安排合理，研究方法切实可行，排版规范美观	
3	小组管理	人员分工	人员分工合理，任务明确	20
		研究任务安排	研究时间安排合理，每个阶段工作任务清楚	
4	研究内容		研究内容丰富，重点突出，详略得当，观点新颖	20
5	成果展示		(1)内容明确，紧扣主题； (2)表达清晰，语言流畅； (3)时间控制适当； (4)与观众有效互动； (5)具备一定的创新性	10
6	下一步研究计划		下一步研究计划目标清晰，可操作性强	10
	总分			100

四、知识拓展

手工拼贴海报：深度探索艺术与情感的交汇点

当我们谈论手工拼贴海报时，我们可能首先想到的是它的艺术性和审美价值。然而，如果我们更深入地挖掘，我们会发现手工拼贴海报所承载的意义远远超过我们的想象。它不仅是一种视觉表达，更是一种心灵与思想的深度交流。

1. 深度表达与个性展现

在数字媒体高度发达的今天，信息的传递速度之快令人应接不暇。然而，这种快速的信息传递往往缺乏深度和个性。手工拼贴海报则不同，它允许设计者通过精心的构思和制作，将自己的情感、思想和经历融入作品中，创造出独一无二的视觉效果。这种深度表达和个性展现是数字媒体难以实现的。

2. 跨越语言与文化的沟通

手工拼贴海报作为一种视觉语言，具有跨越语言和文化障碍的能力。通过色彩、形状、图案等视觉元素，手工拼贴海报可以传达出丰富的信息和情感，而不需要依赖文字或语言的解释。这使得手工拼贴海报成为一种全球通用的沟通方式，有助于促进不同文化之间的交流和理解。

3. 历史与记忆的传承

手工拼贴海报还承载着历史和记忆的重任。在许多文化和传统中，手工拼贴是一种重要的记录和传承方式。通过拼贴各种图像和符号，人们可以记录和传达历史事件、文化传统和个人记忆。这种传承方式不仅具有历史价值，而且对于个人和社会来说也具有深远的意义。

4. 心理疗愈与情感释放

在现代社会中，人们面临着各种压力和挑战，心理健康问题日益严重。手工拼贴海报作为一种艺术治疗方式，可以帮助人们释放内心的情感和压力。通过创作拼贴作品，人们可以表达自己的情感、宣泄内心的痛苦和焦虑，从而达到心理疗愈的目的。这种情感释放和心理疗愈的过程对于个人的心理健康具有积极的影响。

5. 环保与可持续发展的倡导者

随着环境问题的日益严重，环保和可持续发展已经成为全球关注的焦点。手工拼贴海报作为一种环保的艺术形式，不仅使用可再生和可回收的材料进行创作，还可以通过传播环保理念来倡导可持续发展的生活方式。这种艺术形式与环保理念的结合不仅有助于保护环境，还可以激发人们对可持续发展的关注和行动。

6. 激发创意与培养创新思维

在数字化时代，创意和创新思维对于个人和社会的发展至关重要。手工拼贴海报作为一种需要创意和想象力的艺术形式，可以激发人们的创新思维和创造力。通过不断地尝试和探索新的拼贴方式和新材料，人们可以产生独特的创意和培养解决问题的能力，这对于个人和社会的未来发展都具有重要意义。

7. 艺术教育的有效工具

手工拼贴海报还可以作为艺术教育的有效工具。通过教授学生如何构思、设计和制作拼贴作品，可以培养学生的审美能力、创造力和动手能力。同时，通过引导学生关注社会问题和环境问题，可以将艺术教育与社会责任相结合，培养出具有社会责任感和创造力的新一代人才。

手工拼贴海报在当今社会具有深远的现实意义。它不仅是一种艺术表达形式，更是一种心灵与思想的深度交流方式；它不仅承载着历史和记忆的重任，还是跨越语言和文化障碍的沟通工具；它不仅能够释放情感和压力、激发创意和创新思维，还是环保和可持续发展的倡导者以及艺术教育的有效工具。因此，我们应该更加重视和推广手工拼贴海报这种艺术形式，让更多的人能够领略到它所蕴含的深刻意义和独特魅力。

●优秀海报资源参考

站酷 https：//www. zcool. com. cn/

故宫博物院 https：//www. dpm. org. cn/Home. html

涂鸦王国 https：//www. gracg. com/

模块九

建设美丽乡村　共享美好生活

一、平语近人

　　全面推进乡村振兴是新时代建设农业强国的重要任务，人力投入、物力配置、财力保障都要转移到乡村振兴上来。要全面推进产业、人才、文化、生态、组织"五个振兴"，统筹部署、协同推进，抓住重点、补齐短板。产业振兴是乡村振兴的重中之重，要落实产业帮扶政策，做好"土特产"文章，依托农业农村特色资源，向开发农业多种功能、挖掘乡村多元价值要效益，向一、二、三产业融合发展要效益，强龙头、补链条、兴业态、树品牌，推动乡村产业全链条升级，增强市场竞争力和可持续发展能力。

　　　　　　　　　　　　——习近平在 2022 年中央农村工作会议上的讲话

二、实践目标

　　(1)让学生了解乡村振兴的主要目标任务、目的及意义。

　　(2)让学生理解从建设社会主义新农村，到建设美丽乡村，再到建设和美乡村，既是乡村建设的"版本升级"，更是乡村发展的"美丽蜕变"。

　　(3)让学生知晓乡村振兴战略在实施过程中的变化和取得的成绩。

　　(4)增强新时代青年建设"美丽乡村、美丽中国"的责任与担当。

三、实践项目

(一)身临其境——我眼中的美丽乡村

1.实践任务——参观体验美丽乡村

近年来，全国各地围绕美丽乡村建设要求，坚持规划先行，在保持各地乡村特色的基础上，加强区域统筹联动，一体化推进建设、管理、服务等工作，一张蓝图绘到底，一茬接着一茬干，实现"美丽"接力，确保"一时美"变成"一直美"，打造"全域美丽、产业融合、乡风文明"的美丽乡村升级版。请结合小组情况选取家乡或者学习生活地区具有代表性的美丽乡村进行参观体验，感受美丽乡村建设成效并谈谈自己的感受。

2.实践步骤

(1)围绕实践任务确定小组成员及各成员分工，填写表9-1。
(2)小组成员围绕实践任务进行参观体验方案的制定。
(3)小组根据方案安全有序前往美丽乡村进行参观体验，填写表9-2。

3.实践表格

表9-1　"身临其境——我眼中的美丽乡村"分组情况一览表

序号	姓名	专业	组内分工	备注
1				组长
2				
3				
4				
5				
6				
7				
8				

表 9-2　"身临其境——我眼中的美丽乡村"报告单

参观体验时间	
参观体验地点	
参观体验路线	
参观体验亮点	（附图片资料）
参观体验感受	

4. 实践评价

实践评价内容、标准及分值见表9-3。

表9-3　"身临其境——我眼中的美丽乡村"实践评价表

序号	评价内容		评价标准	评价分值/分
1	实践方案		方案制定内容详细、具体,各项工作具体到个人	10
2	参观体验	参观体验路线	路线安排合理,能参观体验到美丽乡村建设中的生态、产业等建设成果和村民的生活状态	20
		参观体验内容	(1)参观体验全面,资料收集完整; (2)参观体验美丽乡村建设特色; (3)参观体验村民居住生活的生态环境; (4)参观体验美丽乡村特色产业; (5)参观体验农文旅融合发展状况	40
		参观体验感悟	(1)感受美丽乡村建设的重要性; (2)感受美丽乡村建设需要科学整体的规划; (3)感受美丽乡村要有文化底蕴; (4)感受美丽乡村要有人才智力和社会各方面的支持	20
3	小组协作		组员各司其职,参观体验有收获	10
	总计			100

(二)社会调查——农文旅融合助推乡村振兴

1. 实践任务——农文旅融合发展调研

富有民族特色、地域特色的民族技艺,在新时代文旅融合发展中因地制宜实现产业创新,以独有的民族元素传承优秀的传统文化,保护文化多样性和多元化发展,培塑民众"人民性"的审美观,满足民众对个性化文创产品需求的生动体现,是乡村振兴建设产业兴旺、生活富裕的总体要求;同时也是民族创新产业融入中华民族创新产业发展,以民族文化铸牢中华民族共同体意识的真实写照。依托民族特色技艺打造民族特色产业,以民族特色产业发展推动特色文化产业发展,提升民族文化公共服务能力和水平,在乡村振兴战略的稳步推进中,培育打造农文旅融合发展新业态。

湖南是一个拥有丰富民族技艺的省份,有着湘西竹编、菊花石雕、苗族挑花、苗画、凤凰纸扎、侗锦、土家族吊脚楼营造技艺、长沙窑铜官陶瓷技艺等传承了几百上千年的文化遗产,是既好看又实用的技艺。人们常用"锦绣"来表达事物的美好和美丽。织锦是中国传统多彩提花丝棉织物,从蜀锦、云锦、宋锦、壮锦——中国极具盛名的四大名锦,到湖南马王堆汉墓出土的大量丝织锦，再到湖南境内现存的龙山土家锦、江华瑶锦、通道侗锦、泸溪苗锦四大民族织锦，无不让我们感受到中华民族悠远的历史文化和楚文化的传承。匠人们手工技艺精湛，给人们留下了一份弥足珍贵的文化艺术遗产。其中，以土家族织锦技艺为代表的民族技艺在产业创新发展中，将传统手工技艺产业与民俗文化、红色文化、民居文化、民族村寨等文化资源相结合形成特色文化旅游产业，与农业特色发展遥相呼应，让土家族人民生活富裕起来。民族文化产业的蓬勃发展为人民提供了丰富的精神文化生活选择，其深刻的文化内涵和创新性的体现和表达，为人民提供了技艺创新带来的震撼和符合现代审美需求的特色文化产品。

请寻找我们身边的这类特色文化项目进行社会实践，探寻他们是如何实现"打造了特色鲜明的文化产业链，使各族群众既富了口袋也富了思想，既改善了民生，也凝聚了人心"。

2. 实践步骤

(1)围绕实践任务确定小组成员及各成员分工，填写表9-4。

(2)小组充分讨论，确定调查的特色文化项目，了解项目的特色和建设成效，填写表9-5。

(3)小组根据调查基本信息拟定调查方案，各成员分工协作完成调研。

(4)小组根据社会实践情况进行项目的分析研讨，针对项目特色及建设过程中存在或可能存在的问题展开研讨，提出对策建议，并填写表9-6。

3. 实践表格

表9-4 "社会调查——农文旅融合助推乡村振兴"分组情况一览表

序号	姓名	专业	组内分工	备注
1				组长
2				
3				
4				
5				
6				
7				
8				

表 9-5　"社会调查——农文旅融合助推乡村振兴"基本信息一览表

调查项目		调查地点	
调查项目代表 （公司或代表人）		联系方式	
项目特色			
项目成效			

表 9-6 "社会调查——农文旅融合助推乡村振兴"报告单

调查项目名称		
调查内容	调查时间	
	调查地点	
	调查对象	
	调查人员	
	调查分工	
选择项目原因		
项目发展概况		
项目存在问题		
对策建议		

4.实践评价

实践评价内容、标准及分值见表9-7。

表9-7　"社会调查——农文旅融合助推乡村振兴"实践评价表

序号	评价内容		评价标准	评价分值/分
1	调查方案		方案制定内容详细、具体，各项工作具体到个人。调查主题选择符合农文旅融合发展时代背景，具有可行性	20
2	调查实施	调查准备	准备充分，认真做好调查项目的资料搜集、人员对接、路线确定，确保中线安全合理	20
		实地调查	①对新发展理念有进一步的认识；②深入感受文化在农文旅融合助力乡村振兴发展中取得的成绩；③安全完成实地调查	30
3	调查报告		完成有质量的调查报告，形成自己的独立思考	30
	总计			100

（三）人物访谈——乡村振兴"领头雁"

1.实践任务——美丽乡村建设人物访谈

近年来，随着精准扶贫、乡村振兴的实施，国家在政策、财政等方面加大了对乡村振兴的支持力度，旨在促进农村地区经济发展，提高农民收入水平。政策选派第一书记、大学生"村官"驻村工作，鼓励大学生和返乡农民工创业，致力于农村攻坚扶贫，乡村振兴，实现全面小康和共同富裕。他们为农民增收、农村经济发展和精神文明建设做出了重要贡献，被称为农村发展的"领头雁"。各小组要深入基层、乡村开展"领头雁"人物访谈，了解乡村建设与乡村振兴工作的总体思路、工作规划、阶段性成效和特色亮点工作，了解农村工作中的问题和不足。

2.实践步骤

（1）围绕实践任务确定小组成员及各成员分工，填写表9-8。
（2）小组讨论确定访谈对象，了解他们主要开展的工作和取得的成绩，填写表9-9。
（3）小组根据访谈对象情况进行访谈提纲的拟定，认真制定翔实的访谈方案，包括详细的访谈提纲，确定访谈方式和进程，准备访谈的材料和工具，进行访谈结果的分析整理等，完成本次实践活动。
（4）认真填写表9-10。

3. 实践表格

表 9-8 "人物访谈——乡村振兴'领头雁'"分组情况一览表

序号	姓名	专业	组内分工	备注
1				组长
2				
3				
4				
5				
6				
7				
8				

表 9-9 "人物访谈——乡村振兴'领头雁'"访谈对象基本信息一览表

姓名		性别		年龄	
民族		政治面貌		职业	
工作单位			联系电话		
主要工作经历					
主要工作成绩					
下一步工作展望					

注：访谈对象为多个人时可逐一填写。

表 9-10 "人物访谈——乡村振兴'领头雁'"报告单

访谈对象	
访谈时间	
访谈地点	
访谈记录	
访谈报告	

4. 实践评价

实践评价内容、标准及分值见表9-11。

表 9-11 "人物访谈——乡村振兴'领头雁'"实践评价表

序号	评价内容		评价标准	评价分值/分
1	访谈方案		方案制定内容详细、具体，各项工作具体到个人。访谈人物选取具有典型性，采访地点选择合适	30
2	访谈实施	访谈前	访谈准备充分。访谈问题设计贴合主题和人物背景。访谈前与访谈对象进行有效沟通和对接	20
		访谈中	①访谈过程表现得体，不怯场，访谈态度真诚，能营造轻松愉悦的访谈氛围；②能灵活使用访谈技巧；③做好访谈记录	30
		访谈后	访谈结束后对访谈结果进行系统分析	20
	总计			100

(四)艺术创意——"最美乡村建设者"微电影创作

1. 实践任务——拍摄微电影

党的二十大报告指出："全面建设社会主义现代化国家，最艰巨最繁重的任务仍然在农村。坚持农业农村优先发展，坚持城乡融合发展，畅通城乡要素流动。加快建设农业强国，扎实推动乡村产业、人才、文化、生态、组织振兴。"在乡村振兴战略的全面推进实施中，一批批为民服务孺子牛、创新发展拓荒牛、艰苦奋斗老黄牛的基层建设者，默默无闻却用自己的坚持与坚守建设着美丽乡村。让我们以家国情怀的担当去寻找最美乡村建设者，并以此为题材进行微电影创作，以典型的小人物反映时代大主题。

2. 实践步骤

(1)围绕实践任务确定小组成员及各成员分工，填写表9-12。

(2)小组商讨确定主题内容、典型人物及其典型事例，填写表9-13。

(3)小组根据微电影选题报告单进行微电影构思，集体研讨形成微电影剧本，填写表9-14。

(4)小组对微电影剧本进行分析分解，做好拍摄前的各项准备工作，填写表9-15。

(5)小组成员分工协作，完成微电影的拍摄和制作。

3. 实践表格

表 9-12　"艺术创意——'最美乡村建设者'微电影创作"分组情况一览表

序号	姓名	专业	组内分工	备注
1				组长
2				
3				
4				
5				
6				
7				
8				

表 9-13　"艺术创意——'最美乡村建设者'微电影创作"选题报告单

报送人	
拟定题目	
选取人物	
主题内容	
典型事例	
选题来源	

表9-14 "艺术创意——'最美乡村建设者'微电影创作"剧本

剧本名称	
剧本	

表9-15 "艺术创意——'最美乡村建设者'微电影创作"分镜头脚本

序号	镜头角度及运用	镜头	时间	画面	配音	字幕及效果
1						
2						
3						
4						
5						
6						
7						

4.实践评价

实践评价内容、标准及分值见表9-16。

表9-16 "艺术创意——'最美乡村建设者'微电影创作"实践评价表

序号	评价内容	评价标准	评价分值/分
1	主题选择	导向正确,内容积极健康,有青年人的时代责任和思考,弘扬时代主旋律和正能量	20
2	剧本撰写	结构清晰,布局合理,内容衔接逻辑连贯,有创新	20
3	分镜头脚本	场景镜头衔接自然,包装合理,整体风格呈现美学特征	20
4	微电影制作	画面构图美,镜头运用合理,画质音质效果好	40
	总计		100

四、知识拓展

以产业振兴助力乡村振兴

在发展乡村产业中始终坚持以人民为中心的发展思想,尊重农民的主体地位,不断创新机制、模式,调动广大农民积极性、主动性、创造性

产业振兴是乡村振兴的重中之重。习近平总书记强调,"加快构建现代乡村产业体系,发展新型农村集体经济,深入实施乡村建设行动,促进共同富裕"。过去,在脱贫攻坚中,我们大力推进产业扶贫,增强了贫困地区经济发展动能,许多贫困群众通过发展产业走上致富路。这些产业在巩固脱贫攻坚成果、全面推进乡村振兴中发挥着重要作用。

发展乡村特色产业,说到底是为了拓宽农民增收致富渠道。不断完善利益联结机制,才能确保产业发展的红利更好惠及广大农民群众。这就需要在发展乡村产业中始终坚持以人民为中心的发展思想,尊重农民的主体地位,不断创新机制、模式,调动广大农民积极性、主动性、创造性。比如,除了为农民提供就业岗位,还可以通过专业培训等让农民掌握一技之长;在产业项目收益分配过程中,鼓励采取租金、股金、薪金、酬金等多种收益分配方式,真正让广大农民共享产业发展成果。

补齐短板,乡村产业振兴才不会后劲乏力。乡村产业在规模化、标准化、品牌化、产业链建设等方面,不可避免存在一些短板。习近平总书记强调:"对脱贫地区产业帮扶还要继续,补上技术、设施、营销等短板,促进产业提档升级。"补齐这些短板,不仅需要农民的参与、企业的投入,也需要相关政策措施的支持。比如,在基础设施方面,农产品仓储保鲜冷链设施是突出短板。相关地区和部门应立足实际、分类施策,鼓励建设冷库等田间"冰箱",

实现错峰销售,或在县域关键节点推动建设农产品冷链集配中心,提升分级分拣、市场集散能力。多方持续发力,才能推动乡村产业全链条升级,增强可持续发展能力。

科学合理布局,优化乡村产业空间结构,有助于产业集聚与升级。合理的乡村产业布局不仅能促进要素自由有序流动,提高要素配置效率,激发乡村产业发展活力,还能推动更大范围内的产业集聚,使涉农企业下沉,形成县带镇、镇带村的多轴联动发展格局,促进乡村产业振兴与县域经济高质量发展有效融合。产业振兴,规划先行。应依据乡村功能定位和当地主导产业发展实际,深入调查研究论证,科学系统地编制全域中长期乡村产业振兴空间发展规划,明晰乡村产业发展的基础条件、重点任务、阶段目标和行动方案,完善产业持续发展的体制机制。

立足资源禀赋优势,差异化发展特色产业,县域经济才有更强竞争力。基于一方水土,开发乡土资源,突出地域特点,体现当地风情,这样的产业才能从差异化中提升吸引力,拥有持续力。这样的特色产业,可避免同质化带来的滞销风险,更好满足市场多样化需求,还可以与文化、体育、旅游、康养等服务业深度融合,培育乡村产业发展新动力。

产业兴则乡村兴。牢牢把握发展机遇,凝心聚力、久久为功,进一步做大做强乡村产业,千方百计拓宽农民增收致富渠道,就能为全面推进乡村振兴、加快建设农业强国注入澎湃动能。

(资料来源:人民日报 10 月 19 日,http://paper. people. com. cn/rmrb/html/2023－10/19/nw. D110000renmrb_20231019_6-15. htm,作者系湖北省中国特色社会主义理论体系研究中心中南民族大学分中心研究员甘天琦)

守护国家安全　筑牢全民防线

一、平语近人

我们要坚持以人民安全为宗旨、以政治安全为根本、以经济安全为基础、以军事科技文化社会安全为保障、以促进国际安全为依托，统筹外部安全和内部安全、国土安全和国民安全、传统安全和非传统安全、自身安全和共同安全，统筹维护和塑造国家安全，夯实国家安全和社会稳定基层基础，完善参与全球安全治理机制，建设更高水平的平安中国，以新安全格局保障新发展格局。

——习近平在中国共产党第二十次全国代表大会上的报告（2022 年 10 月 16 日）

二、实践目标

（1）增强大学生对国家安全观的进一步了解，明确新形势下中国国家安全形势，知晓中国大国崛起所面临的形势和严峻挑战。

（2）增强青年学子的国家安全意识和国防意识，激发青年学子爱国热情，弘扬爱国主义、集体主义，自觉传承红色基因，发扬革命英雄主义精神。

（3）鼓励青年学子挥洒青春，投身热血军营，为建设巩固国防和强大人民军队，保障国家安全做出自身贡献。

三、实践项目

(一)身临其境——文明祭扫烈士墓

1.实践任务——祭扫烈士墓

崇尚英雄才会产生英雄,争做英雄才能英雄辈出。在我国社会主义革命、建设、改革的非凡历程中,一代又一代奋斗者顽强拼搏、不懈奋斗,涌现出无数感天动地的英雄模范。他们用智慧和汗水,甚至鲜血和生命,为国家富强、民族振兴、人民幸福书写了可歌可泣的壮丽篇章。新时代中国特色社会主义伟大事业需要千千万万个英雄群体、英雄人物。学习英雄事迹,弘扬英雄精神,就是要把非凡英雄精神体现在平凡工作岗位上,体现在对人民生命安全高度负责的责任意识上。

国家的和平稳定和繁荣发展并不是轻而易举获得的,无数人为之付出了巨大的努力甚至做出巨大牺牲。让我们在烈士纪念日走进烈士陵园,通过祭扫烈士墓,对维护国家安全和人民幸福做出牺牲的革命烈士表达诚挚敬意和无限哀思,唤起中华民族共同历史记忆,将牺牲奉献精神融入自己的血脉之中。通过这一实践能够给予青年大学生心灵震撼、精神洗礼,使之更加坚定理想信念,珍惜和平生活,自觉承担新时代青年使命。

2.实践步骤

(1)根据实践任务进行分组,并填写表10-1。

(2)以小组为单位选定烈士陵园,在烈士纪念日开展祭扫烈士墓活动,了解烈士事迹。

(3)将红色文化、英雄主义、革命精神、爱国情怀深入内心,继承先辈遗志,勇担时代使命,填写表10-2。

3.实践表格

表10-1 "身临其境——文明祭扫烈士墓"分组情况一览表

序号	姓名	专业	组内分工	备注
1				组长
2				
3				
4				
5				

表 10-2　"身临其境——文明祭扫烈士墓"报告单

祭扫小组	
烈士姓名	
烈士牺牲时间	
烈士事迹	
烈士牺牲相关战役(事件)	
祭扫感受	
活动照片	

4. 实践评价

实践评价内容、标准及分值见表 10-3。

表 10-3　"身临其境——文明祭扫烈士墓"墓实践评价表

序号	评价内容	评价标准	评价分值/分
1	穿着	穿着得体，符合活动庄严肃穆的要求	10
2	祭扫方式	方式、仪式选用妥当，符合公序良俗，正确表达对烈士的崇敬和追思	20
3	烈士事迹	准确无误记录烈士的名字及烈士事迹	20
4	烈士牺牲的相关战役(事件)	能够正确查找烈士牺牲的相关战役(事件)，充实对这一历史事件的正确认识	20
5	祭扫感受	能够真实表达祭扫感受，真情流露对革命烈士的缅怀	30
	总计		100

(二)视听赏析——国防安全专题观影

1.实践任务——专题片观影

建设巩固国防和强大人民军队能够为国家安全提供重要保障。自人民军队成立以来，充分发挥党对军队绝对领导的制度优势，坚持全心全意为人民服务的宗旨，保持优良作风和高昂的战斗精神，不怕牺牲，勇于斗争，推翻了"三座大山"，取得了革命的胜利，建立了新中国，在巩固社会主义政权，建设社会主义中做出了重大贡献。

党的十八大以来，党中央和中央军委把新时代人才强军战略摆在突出位置，我军人才工作取得历史性成就。在习近平强军思想指引下，人民军队坚持走中国特色强军之路，以顽强斗争精神和实际行动捍卫了国家主权、安全、发展利益。2014年4月15日，中央国家安全委员会第一次会议召开。正是在这次会议上，习近平总书记从确保党和国家兴旺发达、长治久安的战略高度，创造性地提出了总体国家安全观。总体国家安全观坚持国家利益至上，以人民安全为宗旨，以政治安全为根本，以经济安全为基础，以军事、文化、社会安全为保障，以促进国际安全为依托。

通过观看电影电视专题纪录片对中国共产党领导的人民军队近百年的发展历程有深刻认识，知晓习近平强军思想，明确人民军队在实现中华民族伟大复兴中的重要战略支撑，理解强军梦与中国梦的关系。

2.实践步骤

(1)围绕实践任务确定小组成员，填写表10-4。

(2)以小组为单位，选取纪录影片《强军之路》及电视专题片《领航》等经典电影电视作品进行观看。观影后将影片内容与思政课内容结合，深刻理解什么是国家安全，怎样维护国家安全，将国家安全和强军思想关联并进行集体研讨。

(3)小组撰写表10-5。

3. 实践表格

表 10-4　"视听赏析——国防安全专题观影"分组情况一览表

序号	姓名	专业	组内分工	备注
1				组长
2				
3				
4				
5				
6				
7				
8				

表 10-5　"视听赏析——国防安全专题观影"报告单

观影时间		观影地点	
影片名称		学生姓名	
所在组别		填表日期	
影片情节内容			
观影体会			
小组观影照片			

4. 实践评价

实践评价内容、标准及分值见表10-6。

表10-6 "视听赏析——国防安全专题观影"实践评价表

序号	评价内容		评价标准	评价分值/分
1	观影安排		观影安排合理，研讨交流有效	20
2	观影有得	所思	能够清晰、准确介绍影片所展现内容、主题和思想	10
		所想	能够结合影片情节内容客观阐述自身看法	20
		所悟	能够结合影片的内容阐述国家安全或国防和军事发展等理论	20
3	观影交流		能够借助PPT、图片、视频等资料介绍观影影片；能够清晰说明观影内容和影片所表达主题	30
	总计			100

(三)社会调查——"当代大学生的国家安全意识"问卷调查

1. 实践任务——问卷调查

没有国家安全，就没有人民的安全。作为出生成长在和平年代的大学生，理应了解当前国家的安全形势和面临的严峻挑战，具备忧患意识，做好充分的思想准备，以积极态度应对突发事件给国家安全带来的威胁。青年大学生要正确认识自身和国家的关系，做有思想有准备的"生力军"，上可保家卫国，下可建设祖国。本次实践以"知晓安全——当代大学生的国家安全意识"为主题，对高校青年学子进行一次关于青年大学生对国家安全、军事安全认知的问卷调查，目的是了解大学生的国家安全意识，为国家安全教育提供实践支持。

2. 实践步骤

(1)围绕实践任务确定小组成员及各成员分工，填写表10-7。
(2)选取不同年级层次的高校学生进行问卷的发放和回收。
(3)对调查数据进行客观全面的分析，并填写表10-8。

3. 实践表格

表 10-7　"社会调查——'当代大学生的国家安全意识'问卷调查"分组情况一览表

序号	姓名	专业	组内分工	备注
1				组长
2				
3				
4				
5				
6				
7				
8				

表 10-8　"社会调查——'当代大学生的国家安全意识'问卷调查"报告单

问卷主题	
问卷题目	
问卷数量	
小组成员	
问卷分析	
对策建议	

4. 实践评价

实践评价内容、标准及分值见表10-9。

表10-9 "社会调查——'当代大学生的国家安全意识'问卷调查"实践评价表

序号	评价内容		评价标准	评价分值/分
1	实践方案		方案制定内容详细、具体,各项工作具体到个人	10
2	问卷调查	问卷设计	(1)调查问卷设计合理,贴近专业寻找切入点; (2)问卷题量适中	20
		问卷分析	(1)发放、回收调查问卷数量合理; (2)调查数据客观真实; (3)数据分析深入全面	40
		对策建议	针对出现的问题提出的对策建议具体可行,能产生实效	20
3	小组协作		组员各司其职,调查问卷有序开展	10
	总计			100

(四)艺术创意——大学生征兵创意宣传

1. 实践任务——大学生征兵创意宣传

人的青春只有一次,有的人享受岁月静好,有的人负重前行,有的人放飞自我,有的人心系家国,而军人的青春不只有诗和远方,更有家国与边关,军人的青春写满了使命和担当。青年应把对祖国血浓于水、与人民同呼吸共命运的情感贯穿于学业全过程,融汇在事业追求中。青年应积极响应祖国召唤,到军营这所大熔炉里去锤炼自己的青春,为新时代强国梦、强军梦展示自己的青春和力量,让青春芳华在新时代新征程上亮丽绽放。

请利用视频、海报设计等手段进行创意征兵宣传,鼓励广大适龄青年积极应征入伍,投身火热军营,绽放热血青春。

2. 实践步骤

(1)根据实践任务进行小组分组,填写表10-10。

(2)小组以"征兵宣传,青春担当"为主题,结合专业和特长进行创意宣传,展现题材形式、内容、时长不限,可以是文学、音乐、舞蹈、绘画、摄影、快闪等形式中的任何一种,形式或严肃或活泼、主题鲜明。

(3)小组协同完成创意宣传,填写表10-11。

3. 实践表格

表 10-10　"艺术创意——大学生征兵创意宣传"分组情况一览表

序号	姓名	专业	组内分工	备注
1				组长
2				
3				
4				
5				

表 10-11　"艺术创意——大学生征兵创意宣传"报告单

艺术创意小组	
宣传口号	
宣传方式	
宣传地点	
宣传内容	
宣传效果	
宣传感受	
活动照片	

4. 实践评价

实践评价内容、标准及分值见表 10-12。

表 10-12　"艺术创意——大学生征兵创意宣传"实践评价表

序号	评价内容	评价标准	评价分值/分
1	宣传口号	宣传口号符合征兵要求，积极向上	10
2	宣传方式	宣传方式新颖有创意，鼓励结合专业特长	10
3	宣传地点	宣传地点合宜，宣传前与村、社区、学校、企事业单位进行了积极联系	10
4	宣传内容	能够针对征兵中的相关问题进行宣传，宣传能回答群众疑问	40
5	宣传感受	能够真实表达宣传感受，感知征兵宣传工作的重要性	20
6	宣传效果	能够收到应有的宣传效果，群众评价度较高	10
	总计		100

四、知识拓展

大学生应征入伍政策

1. 国家鼓励大学生应征入伍服义务兵役，这里的"大学生"如何界定？

指根据国家有关规定批准设立、实施高等学历教育的全日制公办普通高等学校、民办普通高等学校和独立学院，按照国家招生规定录取的全日制普通本科、专科（含高职）、研究生、第二学士学位的应（往）届毕业生、在校生和已被普通高校录取但未报到入学的学生。

征集的大学生以男性为主，女性大学生征集根据军队需要确定。

2. 公民应征入伍需要满足哪些政治条件和基本身体条件？

征集服现役的公民必须热爱中国共产党，热爱社会主义祖国，热爱人民军队，遵纪守法，品德优良，决心为抵抗侵略、保卫祖国、保卫人民的和平劳动而英勇奋斗。征兵政治审查的内容包括：应征公民的年龄、户籍、职业、政治面貌、宗教信仰、文化程度、现实表现以及家庭主要成员和主要社会关系成员的政治情况等。

公民应征入伍要符合国防部颁布的《应征公民体格检查标准》和有关规定。其中，有几项基本条件：

身高：男性 160 cm 以上，女性 158 cm 以上。

体重：男性不超过标准体重的 30%，不低于标准体重的 15%。

女性不超过标准体重的 20%，不低于标准体重的 15%。

标准体重 =（身高 −110）kg。

视力：大学生右眼裸眼视力不低于 4.6，左眼裸眼视力不低于 4.5。屈光不正，准分子激光手术后半年以上，无并发症，视力达到相应标准的，合格。

内科：乙型肝炎表面抗原呈阴性，等等。

3. 应征入伍服义务兵役大学生的年龄是如何规定的？

男性普通高等学校在校生为年满 17 至 22 周岁，大学毕业生放宽到 24 周岁。

女性普通高等学校在校生和毕业生为年满 17 至 22 周岁。

4. 高校毕业生应征入伍服义务兵役要经过哪些程序？

（1）网上报名预征：有应征意向的高校毕业生可在征兵开始之前登录"全国征兵网"（网址为 https：//www.gfbzb.gov.cn）进行报名，填写、打印《应届毕业生预征对象登记表》和《高校毕业生应征入伍学费补偿国家助学贷款代偿申请表》（以下分别简称《登记表》和《申请表》），交所在高校征兵工作管理部门。

（2）初审、初检：毕业生离校前，在高校参加身体初检、政治初审，符合条件者确定为预征对象，高校协助兵役机关将《登记表》和《申请表》审核盖章发给毕业生本人，并完成网上信息确认。初审、初检工作最晚在 7 月 15 日前完成。

（3）实地应征：高校应届毕业生可在学校所在地应征入伍，也可在入学前户籍所在地应征入伍。

（4）组织高校应届毕业生在学校所在地征集的，结合初审、初检工作同步进行体格检查和政治审查，在毕业生离校前完成预定兵，9 月初学校所在地县（市、区）人民政府征兵办公室为其办理批准入伍手续。政治审查以本人现实表现为主，由其就读学校所在地的县（市、区）公安部门负责，学校分管部门具体承办，原则上不再对其入学前和就读返乡期间的现实表现情况进行调查。

（5）在入学前户籍所在地应征入伍的，高校应届毕业生 7 月 30 日前将户籍迁回入学前户籍地，持《登记表》和《申请表》到当地县级兵役机关参加实地应征，经体格检查、政治审查合格的，9 月初由当地县（市、区）人民政府征兵办公室办理批准入伍手续。

5. 大学生征集工作由哪个部门牵头负责？

高校所在地兵役机关会同有关部门进入高校开展征集工作，高校由学生管理部门或学校武装部门牵头负责，有意向参军入伍的大学生可向所在学校学工部（处）、就业中心、资助中心或武装部咨询有关政策。

6. 高校毕业生应征入伍服义务兵役享受哪些优惠政策？

高校毕业生应征入伍服义务兵役，除享有优先报名应征、优先体检政审、优先审批定兵、优先安排使用"四个优先"政策，家庭按规定享受军属待遇外，还享受优先选拔使用、学费补偿和国家助学贷款代偿、退役后考学升学优惠、就业服务等政策。

7. 高校毕业生应征入伍"四个优先"政策是怎样规定的？

高校毕业生预征对象参军入伍享受"四优先"政策：

（1）优先报名应征。报名由县级兵役机关直接办理。夏秋季征兵开始前，县级兵役机关通知其报名时间、地点、注意事项等。确定为预征对象的高校毕业生，持《应届毕业生预征对象登记表》，可以直接到学校所在地或户籍所在地县级兵役机关报名应征。

（2）优先体检政考。体检由县级兵役机关直接办理。夏秋季征兵体检前，县级兵役机关通知其体检时间、地点、注意事项等。确定为预征对象的高校毕业生，未能在规定时间内在学校参加体检的，本人持《应届毕业生预征对象登记表》，可在征兵体检时间内报名直接参加体检。

（3）优先审批定兵。审批定兵时，应当优先批准体检政审合格的高校毕业生入伍。高职（专科）以上文化程度的合格青年未被批准入伍前，不得批准高中文化程度的青年入伍。

（4）优先安排使用。在安排兵员去向时，根据高校毕业生的学历、专业和个人特长，优先安排到军兵种或专业技术要求高的部队服役；部队对征集入伍的高校毕业生，优先安排到适合的岗位，充分发挥其专长。

8. 大学生应征入伍服兵役给予国家资助的内容是什么？

高等学校学生应征入伍服兵役国家资助，是指国家对应征入伍服兵役的高校学生，在入伍时对其在校期间缴纳的学费实行一次性补偿或获得的国家助学贷款（国家助学贷款包括校园地国家助学贷款和生源地信用助学贷款，下同）实行代偿；应征入伍服兵役前正在高等学校就读的学生（含按国家招生规定录取的高等学校新生），服役期间按国家有关规定保留学籍或入学资格、退役后自愿复学或入学的，国家实行学费减免。

9. 高校学生应征入伍享受学费补偿、国家助学贷款代偿及学费减免的标准是多少？

按照《关于调整完善国家助学贷款相关政策措施的通知》（财教〔2014〕180号）、《财政部、教育部、总参谋部关于印发〈高等学校学生应征入伍服义务兵役国家资助办法〉的通知》（财教〔2013〕236号）、《关于对直接招收为士官的高等学校学生施行国家资助的通知》（财教〔2015〕462号）文件规定：

（1）学费补偿、国家助学贷款代偿及学费减免标准，本专科生每人每年最高不超过8000元，研究生每人每年最高不超过12000元。

（2）学费补偿或国家助学贷款代偿金额，按学生实际缴纳的学费或获得的国家助学贷款（国家助学贷款包括本金及其全部偿还之前产生的利息，下同）两者金额较高者执行，据实补偿或者代偿。退役复学后学费减免金额，按学校实际收取学费金额执行。超出标准部分不予补偿、代偿或减免。

（3）获学费补偿学生在校期间获得国家助学贷款的，补偿资金必须首先用于偿还国家助学贷款。如补偿金额高于国家助学贷款金额，高出部分退还学生。

（4）从 2015 年起，国家对直接招收为士官的高等学校学生施行国家资助，入伍时对其在校期间缴纳的学费实行一次性补偿或获得的国家助学贷款（包括校园地国家助学贷款和生源地信用助学贷款）实行代偿。

10. 高校学生应征入伍服兵役都可以享受国家资助政策吗？

在校期间已免除全部学费的学生，定向生、委培生和国防生，均不享受学费补偿和国家助学贷款代偿政策。

11. 高校学生应征入伍服兵役享受学费补偿、国家助学贷款代偿和学费减免的年限如何计算？

学费补偿、国家助学贷款代偿和学费减免的年限，按照国家对本科、专科（高职）、研究生和第二学士学位规定的相应修业年限据实计算。以入伍时间为准，入伍前已达到的修业规定年限，即为学费补偿或国家助学贷款代偿的年限；退役复学后应完成的国家规定的修业年限的剩余期限，即为学费减免的年限；复学后攻读更高层次学历不在减免学费范围之内。

专升本、本硕连读、中职高职连读、第二学士学位毕业生补偿学费或代偿国家助学贷款的年限，分别按照完成本科、硕士、高职和第二学士学位阶段学习任务规定的学习时间计算。

专升本、本硕连读学制在校生，在专科或本科学习阶段应征入伍的，以实际学习时间实行学费补偿或国家助学贷款代偿；在本科或硕士学习阶段应征入伍的，以本科已学习时间或硕士已学习时间计算，实行学费补偿或国家助学贷款代偿，其以前专科学习时间或本科学习时间不计入学费补偿或国家助学贷款代偿。中职高职连读学生学费补偿或国家助学贷款代偿的年限，按照高职阶段实际学习时间计算。

12. 高校学生申请应征入伍服兵役国家资助的程序是什么？

（1）应征报名的高校学生登录全国征兵网，按要求在线填写、打印《高校学生应征入伍学费补偿国家助学贷款代偿申请表》（一式两份，以下简称《申请表》）并提交学校学生资助管理部门。在校期间获得国家助学贷款的学生，需同时提供《国家助学贷款借款合同》复印件和本人签字的一次性偿还贷款计划书。

（2）学校相关部门对《申请表》中学生的资助资格、标准、金额（如有生源地信用助学贷款，学校应联系贷款经办银行或贷款经办地县级学生资助管理机构确认贷款金额）等相关信息审核无误后，对《申请表》加盖公章，一份留存，一份返还学生。

（3）学生在征兵报名时将《申请表》交至入伍所在地县级人民政府征兵办公室（以下简称"县级征兵办"）。学生通过征兵体检被批准入伍后，县级征兵办对《申请表》加盖公章并返还学生。

（4）学生将《申请表》原件和入伍通知书复印件，寄送至原就读高校学生资助管理部门。

13.因个人原因被部队退回，高校学生已获国家资助的经费要被收回吗？

因本人思想原因、故意隐瞒病史或弄虚作假、违法犯罪等行为造成退兵的学生，学校取消其受助资格，并不得申请学费减免。各省（区、市）人民政府征兵办公室应在接收退兵后及时将被退回学生的姓名、就读高校、退兵原因等情况逐级上报至国防部征兵办公室，并按照学生原就读高校的隶属关系，通报同级教育行政部门。

被部队退回并被取消资助资格的学生，如学生返回其原户籍所在地，已补偿的学费或代偿的国家助学贷款资金由学生户籍所在地县级教育行政部门会同同级人民政府征兵办公室收回；如学生返回其原就读高校，已补偿的学费或代偿的国家助学贷款由学生原就读高校会同退役安置地县级人民政府征兵办公室收回。各县级教育行政部门和各高校应在收回资金后十日内，逐级汇总上缴全国学生资助管理中心。收回资金按规定作为下一年度学费补偿或国家助学贷款代偿经费。

14.高校毕业生入伍服义务兵役年限是多少？

我国现行的义务兵役制度服役年限是两年。

15.大学生士兵退役后享受哪些就学优惠政策？

（1）高职（专科）学生入伍经历可作为毕业实习经历。

（2）退役大学生士兵入学或复学后免修军事技能训练，直接获得学分。

（3）设立"退役大学生士兵"专项硕士研究生招生计划。根据实际需求，每年安排一定数量专项计划，专门面向退役大学生士兵招生。在全国研究生招生总规模内单列下达，不得挪用。

（4）将高校在校生（含高校新生）服兵役情况纳入推免生遴选指标体系。鼓励开展推荐优秀应届本科毕业生免试攻读研究生工作的高校在制定本校推免生遴选办法时，结合本校具体情况，将在校期间服兵役情况纳入推免生遴选指标体系。在部队荣立二等功及以上的退役人员，符合研究生报名条件的可免试（指初试）攻读硕士研究生。

（5）将考研加分范围扩大至高校在校生（含高校新生）。退役人员在继续实行普通高校应届毕业生退役后按规定享受加分政策的基础上，允许普通高校在校生（含高校新生）应征入伍服义务兵役退役，在完成本科学业后3年内参加全国硕士研究生招生考试，初试总分加10分，同等条件下优先录取。

（6）退役大学生士兵专升本实行招生计划单列。高职（专科）学生应征入伍服义务兵役退役，在完成高职学业后参加普通本科专升本考试，实行计划单列，录取比例在现行30%的基础上适度扩大，具体比例由各省份根据本地实际和报名情况确定。

（7）高校新生录取通知书中附寄应征入伍优惠政策。高校向新生寄送《录取通知书》时，附寄应征入伍宣传单，宣传单主要内容包括优惠政策概要、报名流程指南、学籍注册要求等。

（8）放宽退役大学生士兵复学转专业限制。大学生士兵退役后复学，经学校同意并履行相关程序后，可转入本校其他专业学习。

(9)具有高职(高专)学历的,退役后免试入读成人本科,或经过一定考核入读普通本科;荣立三等功以上奖励的,在完成高职(专科)学业后,免试入读普通本科。

(10)应征入伍的高校毕业生退役后报考政法干警招录培养体制改革试点招生时,教育考试笔试成绩总分加 10 分。

16.什么是政法干警招录培养体制改革试点考试?

国家为培养政治业务素质高,实战能力强的应用型、复合型政法人才,加强政法机关公务员队伍建设,2008 年开始重点从部队退役士兵和普通高校毕业生中选拔优秀人才,为基层政法机关特别是中西部和其他经济欠发达地区的县(市)级以下基层政法机关提供人才保障和智力支持。

17.应征入伍的高校应届毕业生离校后户口档案存放在哪里,如何迁转?

被确定为预征对象的高校应届毕业生,回入学前户籍所在地应征的,将户口迁回入学前户籍所在地,档案转到入学前户籍所在地人才交流中心存放。在学校所在地应征的,可将户籍和档案暂时保留在学校。

高校应届毕业生批准入伍后,其户口档案予以注销,档案放入新兵档案。

18.高校应届毕业生退役后户档迁移有何优惠政策?

高校应届毕业生入伍服义务兵役退出现役后一年内,可视同当年的高校应届毕业生,凭用人单位录(聘)用手续,向原就读高校再次申请办理就业报到手续,户档随迁(直辖市按照有关规定执行)。

19.什么是士官?与义务兵有什么区别?

我军现役士兵按兵役性质分为义务兵役制士兵和志愿兵役制士兵。义务兵役制士兵称为义务兵,志愿兵役制士兵称为士官。士官属于士兵军衔序列,但不同于义务兵役制士兵,是士兵中的骨干。义务兵实行供给制,发给津贴,士官实行工资制和定期增资制度。

20.国家资助直接招收为士官的高等学校学生如何界定?

是指直接从非军事部门招收为部队士官的全日制普通本专科(含高职)、研究生、第二学士学位的应(往)届毕业生,以及成人高校的普通本专科(高职)应(往)届毕业生;纳入全国高等学校招生统一考试、直接招录或选拔补充为部队士官的定向生。

(资料来源:https://www.gfbzb.gov.cn/zbbm/zcfg/dxsrw/201808/20180801/1710941292.html;jsessionid=B20F973EE8B20E9BB35B7CA60BF65CDB,有删减)

附件

附件一　思想政治理论课实践考核标准

一级指标	二级指标	指标类型
模块一 担当复兴大任 成就时代新人	（一）身临其境——打卡岳麓书院	A
	（二）人物访谈——学长学姐说大学	B
	（三）艺术创意——"奋斗青春号"校园 vlog 制作	C
	（四）观点致胜——"奋斗青春号"主题演讲	D
模块二 树立远大理想 坚定崇高信念	（一）身临其境——红色教育基地研学	A
	（二）视听赏析——观看革命题材影视作品	A
	（三）艺术创意——红色家书品诵	C
	（四）观点致胜——"以小我之梦融入民族复兴之大梦"大学生讲思政课	D
模块三 坚守职业初心 传承匠心精神	（一）身临其境——真实岗位体验	A
	（二）社会调查——"大学生职业观"问卷调查	B
	（三）人物访谈——走近艺术工匠	B
	（四）观点致胜——"我身边的职业道德标兵"主题演讲	D
模块四 维护法律权威 提升法治素养	（一）身临其境——法院庭审观摩	A
	（二）社会调查——"当代大学生的法治意识"问卷调查	B
	（三）艺术创意——情景剧：我是《民法典》传播人	C
	（四）观点致胜——辩论赛："社会稳定主要依靠法律还是道德维持?"	D
模块五 继承优良传统 勇于自我革命	（一）身临其境——《建党伟业》情景再现	A
	（二）社会调查——所在学院基层党组织建设调研	B
	（三）艺术创意——"青春心向党"艺术创作活动	C
	（四）观点致胜——"百年党史青年说"主题演讲	D

续上表

一级指标	二级指标	指标类型
模块六 勇立时代潮头 弘扬中国精神	（一）视听赏析——《将改革进行到底》专题观影	A
	（二）人物访谈——从长辈眼中看改革开放	B
	（三）艺术创意——新时代改革创新成果文艺展示	C
	（四）观点致胜——我眼中的"一带一路"主题演讲	D
模块七 以人民为中心 助高质量发展	（一）身临其境——从湖南湘江新区看高质量发展	A
	（二）视听赏析——观影《云顶对话》	A
	（三）社会调查——文化产业调研	B
	（四）观点致胜——我为高质量发展倡议	D
模块八 赓续千年文脉 铸就文化繁荣	（一）身临其境——参观湖南博物院/湖南党史陈列馆/长沙规划展示馆	A
	（二）视听赏析——新时代文化类综艺节目观影	A
	（三）艺术创意——传承非遗手工之韵	C
	（四）观点致胜——文化传承发展研究	D
模块九 建设美丽乡村 共享美好生活	（一）身临其境——我眼中的美丽乡村	A
	（二）社会调查——农文旅融合助推乡村振兴	B
	（三）人物访谈——乡村振兴"领头雁"	B
	（四）艺术创意——"最美乡村建设者"微电影创作	C
模块十 守护国家安全 筑牢全民防线	（一）身临其境——文明祭扫烈士墓	A
	（二）视听赏析——国防安全专题观影	A
	（三）社会调查——"当代大学生的国家安全意识"问卷调查	B
	（四）艺术创意——大学生征兵创意宣传	C

注：

（1）思想政治理论课实践教学贯穿思想政治理论课教学的始终，共计1学分。《思想政治理论课实践手册》能有效指导学生开展思想政治理论课实践，本手册涵盖"思想道德与法治""毛泽东思想和中国特色社会主义理论体系概论""习近平新时代中国特色社会主义思想概论""形势与政策"等课程。手册分为10个模块，每个模块由4个实践项目组成。（4个实践项目从"身临其境""视听赏析""社会调查""人物访谈""艺术创意""观点致胜"6个栏目中，选取4个围绕相应主题设定实践项目）

（2）思想政治理论课实践，在老师的指导下，同学们结合自己的专业和实际情况进行至少六个模块的实践（每个模块从4个项目中选取1个项目完成即可），经考核合格后取得学分。

（3）实践考核以模块为单位进行。模块项目根据完成的难易程度分为A、B、C、D挡："身临其境""视听赏析"为A挡，"社会调查""人物访谈"为B挡，"艺术创意"为C挡，"观点致胜"为D挡。全部考核项目共40项，其中A挡14项，B挡10项，C挡8项，D挡8项。

（4）实践考核结果分为四个等级：优秀等级（D挡3项，C挡3项及以上）、良好等级（D挡1项，C挡1项，B挡2项及以上）、合格等级（D挡1项，C挡1项，B挡1项以上）、不合格等级（没有参加实践项目或没有达到合格等级的）。

附件二　实践案例

案例一　身临其境——湖南党史陈列馆、雷锋纪念馆红色教育基地研学

一、案例简介

湖南党史陈列馆、雷锋纪念馆坐落于湖南省长沙市望城区。本次实践活动以参观体验的方式感受历史的厚重和先辈的奋斗精神。

二、案例范本

"身临其境——湖南党史陈列馆、雷锋纪念馆红色教育基地研学"记录表

研学时间	2023 年 11 月 8 日	研学地点	湖南党史陈列馆、雷锋纪念馆
学生姓名	李丽婷	所在班级	2023 级蒋蓉 7 班
研学主题	学习三湘党史，赓续红色血脉		
研学路线	学校—湖南党史陈列馆—雷锋纪念馆—学校		
研学记录	 湖南党史陈列馆大厅		

续上表

研学记录	雷锋纪念馆大厅 雷锋同志的先进事迹深深打动我

续上表

研学感受	在 11 月 8 日这一天，很幸运可以和老师、同学们一起去参观湖南党史陈列馆和雷锋纪念馆。 经过一个小时的路途，我们到达了目的地，拍了集体照之后，我们首先参观了湖南党史陈列馆，进门的第一眼，三位英雄的雕塑像屹立在眼前，心中肃然起敬。 走进党史馆学习，就仿佛走进了中国共产党党史、新中国史和改革开放史，真正经受了一次爱党、爱祖国、爱社会主义的思想洗礼，了解了我们今天的幸福来之不易，是无数先辈用自己的鲜血和生命换来的。那一件件放在展览柜子上的物品，向我们诉说着那个艰难困苦历经磨难又斗志昂扬挥洒热血的革命时代，所以我们更要倍加珍惜今天的幸福生活。作为新时代青年，我们就是要努力学习新的知识，练就过硬本领，肩负起时代重任。 接着我们参观了雷锋纪念馆，一进门就看见了雷锋高大威严的雕像，一步步地参观就像走进了雷锋的生活。从某种程度上说，雷锋其实和我没有什么不同，都是一个年轻人，但他却因为做着不平凡的事而受人景仰。他努力学习，提高自己的思想觉悟，紧跟新时代新思想，走在新思想的最前列，用自己的行动感染着身边的人，他的奉献精神尤其让人敬佩。走进雷锋剧院，看着雷锋的纪录片，眼泪湿润了眼眶。里面坐了很多人，我想没有一个人不为雷锋的事迹而感动的吧。其中有一个故事让我记忆深刻。在一个雷电交加的晚上，突然下起了倾盆大雨，7200 多袋水泥放在屋外。雷锋知道后，连忙拿起自己衣服往外跑，为了保护集体的公物不受损坏，他连忙喊自己的队友出来帮忙。经过几个小时奋战，大部分水泥已经被盖好了，只有最后几包水泥了，但是已经没有了盖的东西。他赶紧到自己的床上拿起自己的被子就盖在水泥上，连衣服也盖在了水泥上。到了第二天检查，没有一包水泥受损。如果没有雷锋，后果不堪设想。他一心扑在为别人服务上，奉献而不求回报的精神令人深深感动。雷锋的一生都在帮助别人，他将有限的生命投入无限的服务之中，这种精神值得我们学习，新时代青年不仅要学习雷锋精神更要将这份可贵的精神传承下去。 这次参观活动让我学到了很多东西，意义巨大。生逢盛世当不负盛世，我们要不忘初心、不负使命，要传承好中华优秀传统文化，为中华民族伟大复兴贡献自己的一份力量。

案例二 视听赏析——《建党伟业》

一、案例简介

《建党伟业》讲述了自 1911 年辛亥革命爆发至 1921 年中国共产党第一次全国代表大会召开十年间中国所发生的一系列重大历史事件，再现了那段风雨飘摇的历史，重温了老一辈革命先烈为了解救人民于水火之中，为了拯救危难中的国家和民族，历尽千难万险和不懈抗争，终于创建了中国共产党的艰辛历程。

二、案例范本

"视听赏析——《建党伟业》"报告单

影片名称	《建党伟业》
观影时间、地点	2023 年 12 月 20 日博艺楼 4K 播放厅
影片内容 （包含人物、场景、事件、意义等）	1911 年 10 月 10 日，武昌起义掀开了中国历史新的篇章。在此之后，孙中山回国，就任中华民国临时大总统，次年建立中华民国临时政府。然而封建王朝的没落，共和的表象下，中华民族的磨难仍在继续。袁世凯篡得大总统之位，更与日本秘密签订"二十一条"，意在复辟帝制。在举国上下的声讨中，复辟闹剧黯然落幕，军阀混战又带来新的战火与伤痛。国难当头，爱国志士与热血青年无不痛彻心扉，义愤填膺。有的人一心效法西方先进的理念与制度，有的人尊古复礼、修缮己身。陈独秀、李大钊、毛泽东等人则在十月革命的胜利中看到中华民族新的希望，于是他们奋不顾身地投入探索救国救民的道路之中。
观影体会	作为思想政治理论课的实践作业，我们小组观看了电影《建党伟业》，通过这部电影了解中国共产党的建党历史，了解中国近代史上最可歌可泣的一页。 电影再现了那段风雨飘摇的历史，重温了老一辈革命家为了挽救人民于水火之中，为了拯救危难中的中国，历经千难万险，经过不懈斗争，终于创建了中国共产党的历程，对我们这些出生在新社会、沐浴在党恩下的年轻人，是一次很好的爱国主义教育。 二十世纪初期的中国，正处于命运的危难时刻：帝国主义列强虎视眈眈，妄图灭我中华，瓜分我领土。同时也因为中国长期被西方列强瓜分和欺辱的惨痛教训，警醒了国人，"靠洋人是永远没有出路的"。因此一些有识之士纷纷行动，寻求救国之路。其中伟大的革命先行者孙中山先生领导了辛亥革命，推翻了中国两千多年的封建帝制。然而这一革命的果实却又被袁世凯窃取。袁世凯为了享受自己的帝王梦，签下了丧权辱国的"二十一条"，使原本残破的中国更加四分五裂，紧接而来的军阀混战，更进一步加剧了人民的苦难。 当陈独秀、李大钊、胡适等人与辜鸿铭进行辩论时，我们可以看出新旧思想在当时高层知识分子中斗争的严酷；当我们听到中方代表顾维钧拒绝在《凡尔赛和约》上签字所说的那些话，我们在愤怒的同时，又不得不深思"弱国无外交""落后就要挨打"的真谛。中国共产党就是在这个时候诞生的。它应允了历史的要求，应允了民族的要求。它的诞生，给中国带来了希望，给人民带来了光明，为中国革命开辟了一条前所未有的道路。从此，在中国共产党领导下的中国人民，开始了艰苦的斗争，最终实现了人民当家作主的愿望，劳动人民翻身做了主人。 电影中除了演员明星阵容的强大给人带来的视觉冲击之外，更重要的是对人心灵的冲击。作为新时代大学生，我们活在一个没有战火硝烟，只有和平的阳光雨露里，我们拥有自由，享受自由，我们看着国家在党的领导下渐渐走向繁荣富强。虽然战乱的时代离我们已经久远，但我们不会忘了过去中国共产党建立的艰辛，也不会忘了现在中国共产党为我们建立的一个国泰民安的家园，也不会忘了未来为中国共产党出一份力将国家建设得更好。

案例三　社会调查——"社会主义核心价值观培育"问卷调查

一、案例简介

在新时代多元文化思潮的影响下,艺术高职学生的价值观容易受到冲击。高职院校可以创新性地运用红色基因这一载体,更有效地培育艺术高职学生的社会主义核心价值观。那么,红色基因在融入社会主义核心价值观的培育中存在什么问题?怎么解决这些问题呢?这是值得我们探索的课题。

二、案例范本

"社会调查——'社会主义核心价值观培育'问卷调查"报告单

问卷主题	树立远大理想 坚定崇高信念
问卷题目	社会主义核心价值观培育
问卷数量	300 份
小组成员	张×(组长),李×,王××,刘×,黄×
问卷分析	2019 年 4 月,课题组采用"问卷星"软件,对湖南艺术职业学院的大学生进行不记名的随机抽样调查实证研究。共发放问卷 300 份,最后收回问卷 296 份,经过筛查,最终有效问卷 274 份,有效率是 91.33%。 其中,男生 59 人,占 21.53%;女生 215 人,占 78.47%。党员占 2.19%,团员占 89.56%。汉族占 91.97%,少数民族占 8.03%。担任过学生干部的学生占 65.69%,湖南生源学生占 92.34%。调查对象覆盖了学校 6 个院系,整个调查能够较为客观地反映红色基因在融入社会主义核心价值观的培育中存在什么问题。 (一)学生对社会主义核心价值观的认同不全面 艺术高职学生对社会主义核心价值观的认知认同、情感认同、行为认同不够全面。高职三年正处于价值观构建的关键时期,艺术学生在这个阶段会形成影响一生的三观,而高职艺术类大学生鲜明的个性特征影响着他们正确三观的形成。部分艺术高职学生情感丰富敏感,思想深度不够,社会阅历比较少,对社会主义核心价值观中的红色基因知识了解不全面。 (二)红色基因的挖掘整合力度不够 传承红色基因,需要深度挖掘地域特色红色文化资源。湖南红色文化资源的开发在前些年多停留在物质层面,以参观革命伟人故居、革命纪念馆和战斗遗址为主,对独特的教育价值开发有限。精神层面的红色文化资源开发得比较少,深度、高度不够,传播方式单一,红色基因的育人功能被弱化。

续上表

问卷分析	**(三)红色基因传承的保障机制不完善** 红色基因融入社会主义核心价值观培育的实效成果，受到艺术高职学生自身素质、学校、社会、家庭等多方面因素的影响。部分高职院校关于红色文化的教育形式单一、师资力量薄弱，社会实践流于形式，校园文化缺乏红色氛围。一些高职院校对于红色基因文化的建设没有明确的目标，没有很好的策略和计划，管理机制、分工不清晰，红色基因教育信息反馈机制较少，评估机制不完善。红色基因传承的保障机制不完善，将影响其融入社会主义核心价值观培育的有效性。
对策建议	加强红色基因在艺术高职学生社会主义核心价值观培育中的创新性传承路径。 **(一)整合红色基因丰富内涵，提升艺术高职学生对社会主义核心价值观的认同度** 当下，我们要把社会主义核心价值观转化为艺术高职学生的情感认同和外在行为。红色基因为社会主义核心价值观的培育和实践提供了大众化可能。湖南是一个红色文化资源丰富的大省，应充分挖掘整合湖南红色资源的优势，创新红色基因的理论教育和实践教学，涵养社会主义核心价值观。 首先，要制定整体规划。习近平总书记强调，要将传承和弘扬红色基因纳入文化强国战略的总体规划。在国家统一规划下，湖南要彰显地方红色文化特色，围绕红色文化的独特性和多样性，将普遍性和特殊性相结合。其次，是坚定红色信仰，深挖本土红色资源，加强对革命历史文化的研究，建立红色资源研究开发长效机制，在传承和弘扬过程中让红色基因接地气，加大红色基因推广、整合力度，占领意识形态高地。最后，重视社会主义核心价值观的培育。高职院校要引导艺术高职学生树立正确的三观。红色基因的传承既要注重知识传授，也要注重精神的传承，把红色基因融入爱国主义教育，将社会主义核心价值观融入艺术高职学生的生活和学习。因为湖南本土的红色文化资源是发生在湖湘人自己身边的人、事、情，学生在接触的过程中会感到很熟悉，容易共情、产生同理心，找到红色文化和自我的联系，从而能更好地帮助艺术高职学生认同红色文化，主动将社会主义核心价值观内化于心，从思想认同转化为行动认同，从而深化对社会主义核心价值观的认同感，自觉地成为红色基因的传承者。 **(二)创新红色基因传承载体，增强社会主义核心价值观培育的感染力** 1. 加大红色基因物质载体的保护利用力度 2014 年 10 月，根据《湖南省革命遗址普查报告》统计，湖南革命遗址加起来总共有1832 个。这些革命遗址是湖南红色基因的物质载体。国家也发出了全面保护、开发利用革命遗址的相关文件。高职院校可以结合本地红色文化，积极主动地与这些革命遗址开展广泛的合作，利用第二课堂组织学生参观革命历史事件发生地、纪念馆等，让艺术高职学生通过实地参观的体会，增强爱国主义情怀，感受湖南乃至全国革命历史中的红色文化。 高职院校还可以鼓励艺术高职学生进行红色创作，在校园内布置红色人物雕塑、革命英雄人物画像、名言警句和开展革命图片展示活动等，使学生走在校园中也能潜移默化地受到红色文化的教育，为高校传承红色基因创建一个良好的红色文化校园环境，强化红色基因的育人效果。

续上表

对策建议	2.扩大红色基因精神载体的开发力度 湖南的红色文化资源除了物质载体，还有精神载体，如中国军队和人民在革命斗争中所形成的长征精神、苏区精神等革命精神，还有社会主义建设中的雷锋精神等。湖南还专门设立了研究本土红色文化的湖南红色文化研究院，高职院校可以充分运用红色平台、红色书籍、红色纪录片、红色歌曲，如《日出韶山东方红》《湖南革命的出路》《大将粟裕》《湘江北去》《杨开慧》《浏阳河》以及"半床棉被"的故事等，将其转换为红色教学资源，为艺术高职学生的价值观培育提供正能量支持。高职院校可以组织红色教学团队结合各专业特色，编写符合本校学生发展实际的通俗易懂的红色教材，将红色基因的历史性和趣味性更加生动地体现出来，徐徐展开中国近现代史中湖南人民在中国共产党的领导下，在湖南这片热土上开展的革命运动，形成和发展湖南特色红色文化资源的壮丽画卷，切实满足艺术高职学生在新时代的需求。高职院校在借助红色资源对艺术高职学生进行价值观培育的过程中，播种红色火种，将红色基因根植于文艺作品中，再结合专业，通过各种新颖的主题教育对红色基因进行再挖掘，提出新的见解，补充红色营养，从而不断坚定艺术高职学生的理想信念，促进红色基因与时俱进、推陈出新。这样，不仅红色基因促进了艺术高职学生社会主义核心价值观的培育，也反向助推了红色基因的传承与创新。 3.探索红色基因实践养成体系 传承红色基因的社会实践要与现实生活相联系，创建实践养成体系。红色基因的实践体验不仅包括校外的物质和精神载体，也包括校内的社会实践。高职院校可以积极拓展社会资源，共建校内外的红色教育基地，为传承红色基因创造条件。 在开展校外红色社会实践教学活动时，高职院校不要让艺术高职学生走马观花，要多引导艺术高职学生去思考，让他们结合自己的艺术专业进行思考，体会红色资源所体现的红色精神；要鼓励他们把红色知识内化为自己的思想情感，外化在实践中，锻炼意志品质，激发爱国热情。教学相长，学生在红色社会实践活动中动脑筋发现的问题，可以让思政教师反思，在教学过程中进行实践教学和课堂理论教学的良性互动，帮助学生培养发现问题、解决问题以及培养辩证思维的能力。 4.创新红色基因传播方式 当今世界，信息技术高度发达，大学生的教育和生活都与网络高度融合。为了更好地传承红色基因，高职院校要掌握网络中社会主义核心价值观培育的主动权。现在是全媒体时代，高职院校可以尝试顺势而动，结合新型主流媒体，创新红色基因的传播方式，加大传播力度和引导力度。高职院校也可以深化供给侧结构性改革，改变传统课堂讲授的方式，改变缺乏互动的单方面传播方式，运用多媒体技术建立红色文化建设的互联网阵地和平台，建立宣传红色文化的主题教育网站，开发运用以红色基因为主题的手机App、微信平台等，将社会主义核心价值观活学活用，变为接地气的可视、可听、可读的文化食粮。高职院校可以提炼红色基因的文化内涵与精神实质，将其渗透到艺术高职学生的网络学习中，用正确的观点来指引学生，形成一个愉快、平等的教育环境，让严肃的社会主义核心价值观教育更具趣味性和影响力。这样更容易被艺术高职学生喜欢和接受，更能激发他们的学习热情，增强社会主义核心价值观的感染力，提升红色基因教育的良性效果。

续上表

对策建议	(三)完善红色基因传承保障机制，提升社会主义核心价值观培育的实效性 我们只有将社会、高职院校、家庭和艺术高职学生本身都视为一个整体，将各方联动起来，才能完善红色基因传承的保障机制。高职院校应该制定传承和培育的制度，保障相关财力、物力、人力到位，制定红色基因培养教育的科学规划，让红色基因走进课堂，走进实践教育，走进校园文化，还要构建高校传承红色基因的评估机制和反馈机制。只有这样，我们才能真正提升红色文化教育的成效。红色家风也是有利于培育学生社会主义核心价值观的外在条件之一，只有社会、学校、家庭联动，艺术高职学生从内到外认同红色基因和社会主义核心价值观，才能内化于心，外化于行。 习近平总书记在 2018 年的全国教育大会上提出，要教育引导学生培育和践行社会主义核心价值观，成为有大爱大德大情怀的人。现阶段，红色基因融入艺术高职学生社会主义核心价值观培育中还存在一些问题，通过探索红色基因的创新性传承路径，有利于提升艺术高职学生对社会主义核心价值观的认同度，有利于增强社会主义核心价值观培育的感染力和实效性。

案例四　人物访谈——山谷之音

一、案例简介

　　龚谷音，1939 年出生，女，湖南湘阴人，中共党员。龚谷音心系舞台、情牵花鼓。在 60 多年的粉墨生涯中，凭着自己的满腔热忱和对艺术的精益求精，她一步一个脚印，用心血塑造出一个个丰满立体的舞台形象，逐步奠定了自己的艺术地位，迎来了一个又一个艺术高峰。她先后在《盘花》《山伯访友》等 120 多个剧目中，成功塑造了 100 多个喜剧、悲剧，历史、现代，正面、反面，老年、青年，青衣，婆旦等不同的人物形象。她坚持从生活体验出发，采用现实主义的创作方法，既遵循戏曲艺术的传统程式，又突出内心世界的感悟，夸张适度，表现逼真，她将"体验"与"体现"结合，再现生活，不是一般化的照搬，而是提炼与选择生活中的新与独特。

二、案例资源

山谷之音

三、案例范本

"人物访谈——山谷之音"报告单

报送人	张×(组长),李×,王××,刘×,黄×
采访时间	2023 年 6 月
采访地点	湖南省花鼓戏剧院
采访主题	山谷之音:戏梦人生
采访人物及背景	龚谷音,1939 年出生,女,湖南湘阴人,中共党员。1954 年毕业于华中高级专科学校,现湖南艺术职业学院。历任湖南省湘阴县文工团、湖南省歌剧团演员,湖南省花鼓戏剧院演员、艺术室副主任、演出团团长、艺委会副主任。
采访提纲	一、基本情况介绍 请简要介绍一下您自己及您的艺术生涯。 您是如何接触到花鼓戏的? 您认为花鼓戏有哪些独特之处? 您在花鼓戏领域取得了哪些成就? 您如何看待这些成就? 二、艺术感悟与心得 您在演绎花鼓戏的过程中,有哪些令您印象深刻的经历? 您认为花鼓戏在当今社会中的地位和价值是什么? 在您的艺术生涯中,有哪些人或事对您产生了深远的影响? 三、技艺传承与创新 您如何看待传统花鼓戏与现代花鼓戏之间的关系? 您认为传统花鼓戏在现代社会中面临哪些挑战? 您在传承花鼓戏技艺方面有哪些心得体会? 您认为如何更好地传承这一非物质文化遗产? 您在演绎花鼓戏时,是如何将传统与现代相结合,以适应时代的变化和观众的需求? 对于那些对花鼓戏感兴趣的年轻人,您有哪些建议和寄语?
采访专稿	龚谷音:戏梦人生 在湖南这片充满艺术气息的土地上,花鼓戏作为一颗璀璨的明珠,历经数百年传承,绽放出别样的光彩。而在这璀璨星空中,龚谷音以其独特的艺术魅力和卓越的表演才华,成为花鼓戏领域的一颗耀眼明星。近日,我们有幸采访到了这位国家一级花鼓戏演员,听她讲述自己的戏梦人生。 一、初心不改,矢志不渝 龚谷音从小就对花鼓戏产生了浓厚的兴趣。她告诉我们:"小时候,村子里经常有戏班演出,每次看到那些演员在台上演绎着悲欢离合,我都被深深地吸引。"这份对艺术的热爱,促使她走上了花鼓戏的舞台。 在艺术道路上,龚谷音始终坚守初心,不断追求卓越。她坦言:"作为一名演员,我深知自己肩负的责任和使命。我要通过自己的表演,让更多人了解和喜爱花鼓戏。"正是这份执着和热爱,使她在花鼓戏领域取得了令人瞩目的成就。

续上表

采访专稿	二、技艺传承，创新发展 在谈及花鼓戏的传承与创新时，龚谷音表示："传统花鼓戏是我们的宝贵财富，但时代在发展，观众的审美也在不断变化。我们需要在传承的基础上进行创新，让花鼓戏与时俱进。" 为了实现这一目标，龚谷音在表演中不断尝试新的元素和技巧。她将现代舞、民族舞等元素融入花鼓戏中，使表演更具观赏性和艺术性。同时，她还积极与其他艺术形式进行交流与合作，为花鼓戏注入新的活力。 三、感悟人生，分享经验 在采访过程中，龚谷音分享了许多宝贵的经验。她强调："演员要不断提高自己的文化素养和艺术修养，这样才能更好地理解和演绎角色。"为了丰富自己的文化底蕴，龚谷音平时喜欢阅读各类书籍，从文学、历史到哲学都有涉猎。 此外，她还特别提到了与观众互动的重要性。"演员要学会与观众沟通交流，用真诚的表演去打动人心，"龚谷音说，"当观众能够感受到你的真挚情感时，他们就会更加喜爱和支持花鼓戏。" 四、展望未来，期许明天 面对未来，龚谷音满怀信心和期待。她表示："我希望花鼓戏能够得到更广泛的传播和认可，让更多年轻人了解并爱上这门古老的艺术。"为了实现这一目标，她计划开展更多的公益演出和培训活动，让更多人有机会接触和体验花鼓戏的魅力。 同时，她也呼吁更多的年轻人投身于花鼓戏事业。"花鼓戏需要新鲜血液的注入，"龚谷音说，"年轻人有活力、有创新精神，我希望你们能够加入到这个大家庭中来，共同为花鼓戏的繁荣发展贡献力量。" 结语：在采访即将结束之际，我们衷心祝愿龚谷音在未来的艺术道路上取得更加辉煌的成就。她用自己的人生经历诠释了"戏梦人生"的真谛：不忘初心、砥砺前行、不断创新、传承经典。相信在龚谷音等优秀艺术家的共同努力下，湖南花鼓戏这颗璀璨的明珠必将绽放出更加绚丽的光彩！

案例五　艺术创意——出画入戏之《汉宫春晓图》

一、案例简介

人物形象设计专业毕业设计作品展——以"出画入戏"为主题的中国古代传世名画《汉宫春晓图》沉浸式人物造型艺术展演。此次展演创造性地采用沉浸式人物造型艺术，借助舞台表演的方式，演员们以优美的身姿、极富古韵的造型、灵动飘逸的表演"复刻"《汉宫春晓图》，画中人仿佛"出画入戏"一般，实现传统文化的"可视化"。

二、案例资源

汉宫春晓图

三、案例范本

"艺术创意——出画入戏之《汉宫春晓图》"报告单

作品名称	出画入戏之《汉宫春晓图》		
类型	（在相应方框内打√） ☑ 表演类□ 美术类□ 影视类□	作品时长	60分53秒
所在班级	××老师A班	所在年级	大三
主创团队			
组长电话		电子邮箱	
作品内容简介	展演创造性地采用沉浸式人物造型艺术，借助舞台表演的方式，将中国古代传世名画《汉宫春晓图》活灵活现地"复刻"出来。图中共有各类人物115人，个个衣着鲜丽、姿态各异，同时图中还描绘了中国古代包括刺绣、弈棋、歌舞等在内的各类文娱休闲活动，画中人仿佛"出画入戏"一般。演员们优美的身姿、极富古韵的造型、灵动飘逸的表演，让人更直观地领略到汉代宫廷春色满园的浪漫景象。通过舞蹈表演全面复原古代著名画家仇英的绘画作品《汉宫春晓图》，将汉宫里的刺绣、弈棋、歌舞、器乐等人物风俗画全面展现，是一场非遗文化、人物造型结合舞蹈表演、音乐艺术并融入舞美、灯光、数字媒体艺术的全方位结合的视觉盛宴，更好地反映出博大精深的传统文化以及和谐守礼的民族传承。 这次展演不仅是一场舞蹈表演，而且是从美术史的角度，通过舞蹈来探索一种独特的造型艺术展演形式，将绘画与舞蹈、灯光、舞美、视频、人物造型艺术等跨界融合，将静态的转化为动态的，将历史的转化为现代的，将文化的转化为时尚的，让更多的观众热爱中华优秀传统文化，热爱非遗，并自觉形成民族自信和文化自信。		
作者授权	此作品为本人的原创作品，同意并授权学校全媒体平台合法使用本作品进行展播。 （签字或签章） 年 月 日		

案例六 观点致胜——大学生讲思政课之《国之歌·民之魂》

一、案例简介

作品《国之歌·民之魂》以"中国精神是兴国强国之魂"为导向，以湖南省爱国主义教育基地田汉故居为视角，通过"赤子之心""强音诞生""唱响神州""强国号角"4个系列内容，采用故事讲解、图文实物、视听展播、动画插图等多种表现形式，讲述少年田汉的成长、国歌诞生的历史、新时代国歌精神的影响，体现了国歌蕴含的战斗性、民族性、世界性、时代性的精神内涵，展现了国歌的雄壮之美、精神之源、民族之魂。

二、案例资源

国之歌·民之魂

三、案例范本

观点致胜——大学生讲思政课之《国之歌·民之魂》

作品名称	《国之歌·民之魂》
教学章节	思想道德与法治 追求远大理想 坚定崇高信念 第3讲 在实现中国梦的实践中放飞青春梦想
团队成员	王江苗、雷珂棋、于钲瀛、廖湘、皮朝松、刘思洋
所在班级		联系方式	
指导老师	王含光、蒋玲、白莹
作品介绍	作品《国之歌·民之魂》以"中国精神是兴国强国之魂"为导向，以湖南省爱国主义教育基地田汉故居为视角，通过"赤子之心""强音诞生""唱响神州""强国号角"4个系列内容，采用故事讲解、图文实物、视听展播、动画插图等多种表现形式，讲述少年田汉的成长、国歌诞生的历史、新时代国歌精神的影响，体现了国歌蕴含的战斗性、民族性、世界性、时代性的精神内涵，展现了国歌的雄壮之美、精神之源、民族之魂。 《国之歌·民之魂》是一部深入挖掘中国精神，展现国歌独特魅力和精神内涵的优秀作品。它以湖南省爱国主义教育基地田汉故居为视角，通过丰富的表现形式和生动的故事情节，展现了国歌在中华民族历史长河中的重要地位和深远影响。 该微视频作品不仅展示了国歌的雄壮之美，更深入挖掘了国歌的精神之源和民族之魂。它通过少年田汉的成长故事，生动地展现了国歌诞生的历史背景和创作过程，让观众更加深入地理解国歌所蕴含的战斗性、民族性、世界性和时代性的精神内涵。同时，该作品还通过新时代国歌精神的影响，展现了国歌在当代社会中的重要价值和意义。 总之，《国之歌·民之魂》是一部具有深刻思想内涵和高度艺术价值的微视频作品。它不仅让观众更加深入地了解了国歌的历史和文化背景，更让观众感受到了国歌所蕴含的强大精神力量和独特艺术魅力。这部作品无疑将在激励中国人民为实现中华民族伟大复兴而奋斗的历程中发挥积极作用。

附件三 思想政治理论课实践项目相关表格

各模块实践项目填写表格的电子文档请扫描下面的二维码下载。

图书在版编目(CIP)数据

思想政治理论课实践手册/周新娟,王含光主编.
—长沙:中南大学出版社,2024.3
ISBN 978-7-5487-5412-1

Ⅰ.①思… Ⅱ.①周… ②王… Ⅲ.①思想政治教育
—高等职业教育—教材 Ⅳ.①G711

中国国家版本馆CIP数据核字(2023)第111520号

思想政治理论课实践手册

周新娟　王含光　主编

□出 版 人	林绵优	
□责任编辑	刘　莉	
□责任印制	唐　曦	
□出版发行	中南大学出版社	
	社址:长沙市麓山南路	邮编:410083
	发行科电话:0731-88876770	传真:0731-88710482
□印　　装	湖南省众鑫印务有限公司	

□开　　本	787 mm×1092 mm 1/16	□印张 10.25	□字数 249 千字
□互联网+图书	二维码内容　字数6千字　视频1小时3分钟
□版　　次	2024年3月第1版	□印次 2024年3月第1次印刷
□书　　号	ISBN 978-7-5487-5412-1
□定　　价	29.80 元

图书出现印装问题,请与经销商调换